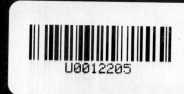

藍學堂

學習・奇趣・輕鬆讀

絕對樂活投資術

樂活大叔教你如何面對股市漲跌都不怕

施昇輝——著

推薦序
高枕無憂的樂活投資術

文｜楊月娥

樂活 LOHAS 是 Lifestyles of Health and Sustainability 的縮寫，意指「健康的飲食、永續的生活型態、身心靈的探索與個人的成長」。施昇輝老師就是一位懂得生活的樂活大叔，著書、寫專欄、演講，只是生活的一部分，他把更多的時間用在看電影、爬山、健身，這些才是他的日常。財經是他的專業不是全部，花點時間管理財富，賺夠了就去享受生活，他的財務自由，他的人生樂活。

誰沒在投資理財上走過冤枉路，擔心死薪水不夠用，想要藉錢滾錢來翻身，卻道聽塗說所謂「老師」的說法，或是個人陷入恐懼與貪婪的追高殺低，理財哪有這麼簡單？就以股市來說，將近 2000 支的上市櫃股票，誰能夠研究得透徹？水很深呀！都說你不理財，財不理你，但可知道，你亂理財，財還會咬你，投資變成投機，一旦碰到市場波動，忐忑不安、心神不寧，財務管理變成賭徒下注，看盤卻換來憂心害怕和情緒糾結，這怎麼能夠樂活？

身為主持人，我訪問過無數的專家達人，節目話題五花八門，而投資理財正是最多人有興趣的，受訪來賓無論是正統財經背景，或是半路出家的實務經驗談，都有一套致富理論，甚至是獨創的武林秘笈，大家都好奇想問問明牌，以小博大，每個人都想多點鈔票過好日子，殊不知你就可能是接到最後一棒的無辜待宰羔羊。

剛認識施老師時，曾懷疑他的本事，一招半式闖江湖，鬼打牆的教人定期定額的投資，三千、五千、一萬的持續買 0050 或 0056，還苦口婆心勸年輕人，好好工作，好好玩樂，不需要花時間研究股市，非常佛系。若照他這種方式投資，那一堆財經專家不就全都沒得混了，但沒想到在多次訪談之後，我聽明白了，他就是用多元及時間來規避股市震盪的風險。例如 0050 裡面有 50 家好公司，只是再好的股票還是會遇到歹時機，但同時慘跌的機率卻是微乎其微，因此分散風險、獲利可期。

心情輕鬆且高枕無憂的投資術

我還記得施老師的提醒，例如「一定要買房、錢不要都放定存、房貸不需要還太快」等等建議，受用啊！因此我也鼓勵大學剛畢業的女兒，照著施老師的建議，理財第一步先去開戶，從定期定額開始，反正現在住家裡、吃家裡，存下的都是私房錢，認真工作沒時間看盤，0050、0056 閉著眼睛按月扣，養成儲蓄的好習慣，這是我給女兒最有價值的禮物。

2022 年，我和施老師都經歷照顧長輩的最後一哩路，對生命有更深的體悟，對於身外之物，用不上的就丟了吧！不要變成纏身的累贅，更不要想留給下一代，要留一點時間給自己，賺錢之外也要會休閒娛樂。一輩子很短，不能白活，我喜歡施老師的樂活觀點，不要太專心當照顧者，給自己一點喘息的空間。

投資理財也是，無為而治加上中庸之道，夠用的財富，快樂的生活。施老師的《絕對樂活投資術》不打高空，很有定見，他不是神，無法預言未來股市，但他真的準，對照走過的路，句句真誠。穩健的投資路，就是心情輕鬆且高枕無憂。要過好日子，就要用對方法、走對路，時間會證明一切。

（本文作者為資深媒體人）

作者序
Walk, don't run.

輝達（nVidia）創辦人黃仁勳在 2023 年 6 月旋風式返台，他在台大畢業典禮上講了一句讓大家印象深刻的話：

「Run, don't walk, either you're running for food, or running from being food.」（拼命跑，絕對不要用走的，不管你是跑去覓食，或是只為了避免被吃掉。）

「工作」上，我們當然該拼命努力，絕不該耽於安逸；但「投資」上，拼命努力，真的就能賺到錢嗎？很多投資人辛苦一輩子，努力選股，期望藉由賺價差來快速累積財富，但最後卻還是賠錢。

2022 年是虎年，我當時給投資人的祝福是「明知山有虎，偏向虎山行」沒想到一語成讖。我的意思是，就算股市充滿虎視眈眈要賺你錢的主力大戶，但我們只要默默領股息、不奢望打敗大盤，就不會被老虎發現而被吃掉。

對很多 2020 年初入股市、甚至是 2009 年才開始投資股票的人來說，2022 年一路往下的股市行情，真的是一次帶給大家重大考驗的震撼教育，這才赫然發現，原來台股一年也是有可能高低落差將近 6000 點。

我寫《絕對樂活投資術》這本書，主要就是帶大家來回顧這趟股市空頭之旅。幾乎所有的財經書都在寫「多頭」市場如何「獲利」，但我要藉這本書來分享在「空頭」市場如何「避險」。

我無法教大家，如何面對股市漲跌「都能賺」，因為我相信幾乎沒有人可以輕易做到。我只能教大家，如何面對股市漲跌「都不怕」。最重要的就是，教大家如何「轉念」。

誠如本書的**第一篇〈面對股市起伏，不該過度樂觀，而該保持樂活〉**所述，這就是我要建議讀者應該建立的最重要的心態。

在第一篇中，我帶大家回顧並檢討了 2022 年每一個月的台股行情，希望未來再碰到類似這種「小漲後大跌、反彈後又破底」的情形時，你不會再犯相同的錯誤。各位讀者或許會認為我是「事後」檢討，這有什麼意義？但我在第一篇文章之後，附錄了很多篇當時我在「方格子」訂閱網站「小資幸福講堂」專欄的「即時」建議，如果各位有因此在「3 月迴光返照」時認賠出場，或是至少在「5 月人道走廊」時斷然停損，都可以避開後來更大幅度的跌勢，然後在「10 月曙光初露」時逢低進場，就可以享受大盤從 12629 點一路反彈到 2023 年的大好行情。

就算你無法掌握進出場時機，但只要買的是「市值型」或「高股息型」ETF（指數型基金），而不是買整天想賺價差的個股，你的心情一定相對篤定而不焦慮，這時當然就比較能輕鬆面對股市的起起落落。

「市值型」ETF 的代表就是 0050，「高股息型」ETF 的代表就是 0056。我在本書的**第二篇〈0050 和 0056 在 2022 年的實戰筆記〉**中，分享如何建立「大不了套牢」的轉念做法。我常說「『套牢』是宿命，既然逃不了，那就找一個能安心套牢的標的。」2022 年的行情，就是最好的見證。文末我也附錄了很多篇當時在「小資幸福講堂」專欄，所寫的相關主題的文章。

接下來的幾篇，我幫大家回顧了 2022 年的其他 ETF、還有「成長價差股」，如台積電以及「安穩領息股」，例如兆豐金的走勢，並檢討當時該有的因應對策，再以當時「小資幸福講堂」專欄，所寫的相關主題的文章，來做印證。

面對永遠不確定的股市變化，「拼命努力」不一定能賺錢，「安定心態」反而才該是上策。我認為，投資應該要——Walk, don’t run.

絕對樂活投資術

目錄

第3篇

第4篇

第1篇

面對股市起伏，不該過度樂觀，而要保持樂活

有了可資遵循的「紀律」，
就不會被各種市場變化所干擾。
我絕不是「早知道」它會跌，
所以才賣，而是我的「紀律」要我賣。

2022年對一些這幾年才進入股市的投資人來說，是一場震撼教育。因為台股走了14年的超級大多頭行情，讓很多人有了股市只會漲、不會跌的錯覺。

我先把時空拉回到2008年的金融海嘯。不過，這已經是很久遠以前的事了，久遠到很多年輕投資人都不知道它的毀滅性。

2008年台股來到最低點3955點，自此反彈，一路漲到2023年最高點18619點。中間當然有少許的回檔，但有時不深，有時也不久。

2020年初，Covid-19剛爆發時，台股和全球股市一樣，瞬間跌得非常深，來到8523點，但也瞬間就反彈，然後幾乎頭也不回地漲到台股歷史最高點18619點。

大家幾乎都忘了當時有多麼恐慌，因為隔年2021年台股一年大漲3486點，然後滿街都是「少年股神」，橫空出世的「財經網紅」更是多如過江之鯽。但沒想到短短一年後，這些人很多都消失了。

你2022年的投資績效如何？即使賠了一些錢，也希望你不要從此離開股市。**2022年是一個可以給你寶貴經驗的一年，讓你學習如何在順境中保持警覺，如何在逆境中轉換心境，如何在盤整中學會等待？**

現在，我就用這篇文章來和你一起回顧波濤洶湧的2022年。

大家應該都對巴菲特那句話「別人貪婪時，我恐懼；別人恐懼時，我貪婪」印象深刻。但我認為這句話對一般投資人不具意義，因為一來太違反人性，二來你的資金絕對不可能比他雄厚。

因為當他恐懼出場時，就算賣得太早，他的持股部位太大，所以獲利仍很可觀，正應了另一句話**「本大利小利不小，本小利大利不大。」**你的資金不多，縱然報酬率高，獲利相對不大，一般人當然捨不得在「別人貪婪時」獲利了結。

當他貪婪進場時，或許也買得太早，但他的資金太多，當然可以一路往下承接，但你的資金有限，很快就套牢了，怎麼可能敢在「別人恐懼時」進場買股票？

2022 年 1 月 燦爛煙火

讓我們回到 2022 年的第一週。任誰都沒想到台股可以旱地拔蔥，直上 18619 點。當然，這是拜「護國神山」台積電所賜，因為它一馬當先直上雲霄，來到歷史最高價 688 元。當時宛若燦爛煙火，絢爛過後立刻煙消雲散，當週來到 18169 點，居然還比 2021 年收盤 18218 點要低。事後來看，其實就是敗象初露。

真正確定的是 0050 在 1 月 21 日除息，當天直接從除息前收盤價 149.1 元，殺到 142,65 元作收。扣除 3.2 元股息，是從除息參考價 145.9 元下殺 2.2%，這幾乎是 0050 自 2003 年掛牌以來最慘的一次除息表現。直到如今，它還沒有填息，這也是它掛牌以來的第一次。

我記得當時很多人問我「可不可以參加除息？」我一向不考慮這個問題，因為我買進 0050 時，是因為它來到「大盤日 K<20」的相對低檔。當時，大盤處於高檔，我不會特別為了股息而增加部位。

這就是我要跟大家分享的最重要理念之一。**有了可資遵循的「紀**

律」，就不會被各種市場變化所干擾。

因為已經來到「大盤日 K>80」的相對高檔，所以我當時持有的張數並不多，所以嚴重貼息對我的整體部位影響並不大。

我的資金當然完全不能和巴菲特相比，也就是我風險承受的程度也遠遠輸給他，所以我在「別人貪婪時」選擇部分獲利了結，也覺得很心安。

我絕不是「早知道」它會跌，所以才賣，而是我的「紀律」要我賣。

2022 年 2 月 烏雲密布

2022 年春節封關在 17674 點，幾乎來到 1 月的最低點。雖然 2 月開紅盤之後，有小幅反彈到 18338 點，漲了 3.8%，但台積電卻只反彈了 2.2%，真的就預告了台股未來即將走弱。

台積電在 1 月份都在 600 元以上，所以有投資專家認為它會上看 1000 元。我可能是當時唯一表達不敢太樂觀的財經作家。

這些投資專家之所以會預估台積電站上 1000 元，是來自於他們的一些假設。如果假設不成立，它當然就看不到 1000 元。不過，所有的投資人只記得他們預測的股價「結論」，卻忘記了、甚至是忽略了他們的預測所依據的「假設」。

當時股市的氛圍，就是相信台積電會站上 1000 元的人非常多，當然也就相信股市會一直漲上去。

這裡要給大家另一個重要的投資理念：**不要相信自己的判斷「一**

定」正確，永遠要做好「萬一我判斷錯誤，我能承受多大的損失？」的心理準備。這其實也是在呼應巴菲特的那句話「別人貪婪時，我恐懼。」你不一定要賣，但真的不該一直買、一直買。

另一個在持續上漲的股市中最危險的心態就是，用之前的投資報酬率來預估未來的獲利。如果你在 2021 年的投資報酬率是 20%，請絕對不要以為你每年都可以賺 20%，更不該相信自己的報酬率會繼續成長。

2021 年台股漲了 23.7%，這絕對是「異常」，或許幾十年才來一次，即使你去年能賺 20%，請記得它可能也是你人生中的少數。

2 月反彈虎頭蛇尾的原因，除了美國聯準會的升息壓抑了股市的上漲，另外還有一個重要原因，就是俄烏會不會開戰的不確定性。

股市不怕「實際利空」，因為它可能來得快、去得也快，而最怕「不確定性」，因為這會持續凌遲投資人。

當時很多投資專家都在預測會不會開戰？依理性判斷，主張「不會開戰」的人居多，但真正有決定權的只有俄羅斯總統普丁（Vladimir Putin）一人，所以任何的判斷其實都毫無參考性。當時曾有一天因俄軍撤軍而造成股市大漲，隔天又因烏克蘭開火而又大跌。

當時全球金融市場也是利空罩頂，因為美國聯準會為了抑制通貨膨脹而展開升息，漲幅之大，還被稱為「暴力式升息」。升息雖然確定，但每次升幾碼，又是種種不確定。

回頭來看這兩件事，俄烏戰爭影響較短暫，而聯準會升息才是真正造成 2022 年股市一路下跌的最重要原因。

2022年3月 迴光返照

每一次重大利空來襲，一開始都會有一波反彈。2022年3月初曾看到波段低點16764點，但在月底就漲到波段高點17770點，漲了1000點，不可謂「又急又猛」，但當時出現幾個敗象，讓我在3月25日的「方格子」網站的專欄「小資幸福講堂」（以下僅以「小資幸福講堂」簡稱之）文章〈大盤反彈結束了嗎？〉，直言這次只是「迴光返照」，反彈應該是結束了。（見本書第56頁至第59頁）

以後各位如果在反彈過程中看到這幾個敗象，就該戒慎恐懼，而不該對反彈有過度樂觀的期待。

第一、**反彈卻無法站回季線。**當時跌破季線已經一個月，但反彈還是無法回到季線之上，最後當然就功虧一簣了。

第二、**成交量萎縮。**股市有句名言「量先價行」，也就是說沒有成交量是無法推動股市上漲。在這波反彈中，成交量卻沒有同步放大，顯示大家的追價力道不夠，股市再漲的機會就相對小很多。

第三、當時的反彈最多只有1006點，幅度只能算「正常」反彈，雖說這樣已經「不滿意，但可以接受」，但加上前兩點，就不容易構成有「強勢」反彈的條件。如果以後你發現只有「弱勢」反彈，那就更要趕緊走人了。

如何判斷反彈的力道？

將最高點 18619 點，減掉最低點 16764 點，得出此次最大跌點為 1855 點。
「弱勢反彈」就是只能反彈到 1855 點的 0.382 的位置，也就是只能反彈 708 點，來到 17472 點。
「正常反彈」就是只能反彈到 1855 點的 0.5 的位置，也就是只能反彈 927 點，來到 17691 點。
「強勢反彈」就是可以反彈到 1855 點的 0.618 的位置，也就是可以反彈 1146 點，來到 17910 點。

2022 年 4 月　悔不當初

果然如我當時所料，反彈在 3 月底結束，4 月一整個月跌了超過 1000 點，若用 4 月最低點 16219 點來算，則是跌了 1474 點。

很多投資人到了 4 月底，都在心中吶喊：「早知道 3 月底就賣光光了。」或許你和所有投資人都一樣，最愛講「早知道」這三個字，但卻最沒有意義，因為沒有人有哆拉 A 夢的時光機，我們永遠無法回到過去。

其實你如果在 4 月底選擇退出股市，到了 2022 年 10 月看到最低點 12629 點，一定會慶幸自己有先見之明。

股市一定有這麼厲害的人，但你真的不要以為自己也可以做得到。比較務實的做法是自我衡量，你還能忍受股市下跌多久？

首先要問自己還有多少生活費可維持基本開銷？如果你還在上班，還有固定的薪資收入，就比較沒問題。怕的是你只靠投資收益過活，那就必須賣股變現來過活了。萬一你還是借錢來投資，那就根本無法忍受股市繼續下跌了。

下次再碰到一個月狂跌1000點的行情，建議你在下跌過程中，就要開始進行停損，其標準和順序如下：

1. 先檢討手上的持股，你「了解」的股票可以慢一點賣，你「不了解」的股票就趕快停損。
2. 每年都有穩定配息，公司大到不會倒的股票可以留下來，不具備這些條件的股票請優先考慮停損。
3. 捨不得賠那麼多，可以「零股」賣出。萬一續漲，也還有部位可以等待反彈。如果續跌，就會慶幸自己少賠了一點。

2022年5月 人道走廊

5月初仍延續4月的跌勢，最低跌到15616點，比4月低點16219點又跌了超過600點。如果你沒有在4月停損一些，到了5月一定更挫折。

絕大多數的投資人都是「死多頭」，永遠期待股市上漲，一旦下跌，就會焦慮，甚至恐慌。我認為很大的原因出自對「複利效果」的憧憬。因為相信複利，就不肯把資金撤出。

假設你在第一年投入 100 萬元，每年都能獲利 10%，到了第 20 年資產將達到 672 萬元。看到這個計算結果，誰能不心動呢？但是你每年都能賺到 10% 嗎？

複利效果

將每年的獲利再投入，就可以產生利滾利的效果。
假設你在第一年投入 100 萬元，每年都能獲利 10%。第一年賺 10 萬元，再投入，第二年就是拿 110 萬元去投資，又賺了 11 萬元，再投入，第 3 年就是拿 121 萬元去投資，依此類推，到了第 10 年資產將達到 259 萬元，到了第 20 年資產將達到 672 萬元，到了第 30 年資產將達到 1744 萬元。

投資的目的當然是「賺錢」，但賺錢的目的不就是「花錢」嗎？你把賺來的錢繼續拿來賺錢，只要碰到 2022 年持續下跌，你還賺得到 10% 嗎？你「帳面」上賺到的錢肯定會大幅縮水，甚至轉盈為虧，最後成了「紙上富貴」一場。

永遠不要相信股市會一路上漲，但我的意思不是要你訓練判斷的能力，讓你躲過股災，這太難了。因為想在股市高點全身而退，根本不可能。我的意思是**希望你有一些花錢的目標，一旦股票上漲，可以拿賺到的錢來實現目標，你就會捨得賣。**

只要你經常這麼做，就不怕股市下跌，因為你就不會後悔「當初為什麼不賣？」

對抗股市的風險，其實只有兩招。一招是你還有工作收入可以讓你度過股災，另一招是你已經將股市的獲利花在你開心的事物上。

5 月在跌到最低點 15616 點之後，一度反彈到 16807 點，但還只是「正常反彈」，與 3 月狀況類似，所以持續下探已經無可避免。

俄烏開戰不久，國際呼籲俄軍讓出一條「人道走廊」，讓烏克蘭的老弱婦孺能逃到國外，減少無辜傷亡。台股 5 月的一度反彈成為最後的逃命波，何嘗不也是一條股市的人道走廊呢？

2022 年 6 月　哀鴻遍野

台股已經給了大家兩次逃命的機會，換句話說，也給了大家兩次停損的機會，若你還留在市場，面對 6 月又跌了 1982 點，直接摜破 15000 點，以最低點 14825 點做為 2022 年上半年的句點，肯定非常難熬。

當時，很多人一直問我「台股什麼時候才會止跌？」但這是一個當下沒有人知道，必須等到以後才會知道答案的問題。換句話說，永遠不要再問這個問題，也永遠不要自己判斷（其實是猜測）最低點。

如果你一直是採用以下兩種投資策略的人，就會相對安心，而且也不必問這個問題。

第一、**以定期定額的方式來買股票的人**。因為你有時會買在高點，有時會買在低點，但長期執行下去，你的平均成本就會趨近於這支股票的長期平均價位。不過，請你絕對不該在低價時，因為害怕而停止扣款，這將讓你之前的努力前功盡棄。

定期定額投資的股票，一般都是比較績優的股票，或是連動大盤的指數型基金（ETF），然後用長期投資的方式來持有，所以就算碰到股市持續下跌，也相對令人安心。我相信，沒有人在選擇定期定額的標的時，會考慮沒有基本面支撐的投機股吧？

第二、**持股以指數型基金為主的投資人**。不過，我認為僅限「市值型」的ETF，如0050、006208，或是「高股息型」的ETF，如0056、00878。兩者都具備風險完全分散的效果，遠較單一個股安全。

「市值型」ETF 與大盤高度連動，至少做到「複製大盤」，也就是說即使下跌，也不會比大盤跌的多，但很多個股的跌幅都會遠大於大盤。

「高股息型」ETF 雖然與大盤的連動不如「市值型」ETF，但它具備低價與高股息殖利率的優勢，以往都在 5% 以上，到了 2022 年，因為股價更低，股息殖利率居然都超過 7%，難道不好嗎？

大家千萬不要以為當時完全空手的人最幸福。我相信這種人其實永遠都不會進場，因為他看到股市跌跌不休，就會永遠相信股票是最危險的投資，在旁邊幸災樂禍。但這種人也最容易在股市大漲時，受不了旁人賺到錢，才心動手癢進場，結果套在最高檔。

此時最焦慮的人一定是滿手股票，而且心中只想賺價差的投機客。

如果你是這種人，以後在碰到類似 2022 年 3 月和 5 月反彈無力的情形時，請一定要記得停損出場。

股市大漲時，大家都認為只要選對股票，就可以賺到比大盤漲幅還要大的利潤，但你做到了嗎？還是仍然賠錢呢？

股市大跌時，你可能才驚覺「選市」優於「選股」，一來沒有選股的焦慮，二來至少沒有輸給大盤。

如果你當時把一些股票認賠之後，改買「市值型」或「高股息型」的 ETF，你就能比較安心地面對下半年一路跌到 2022 年最低點 12629 點。

但是，當時誰知道呢？現在，你懂了，一旦歷史又重演，甚至不要等重演，你都該記取教訓，然後真的別再選股了！

2022 年 7 月 大病初癒

7 月 12 日晚上，國安基金突然宣布要進場，終於止住了大盤的跌勢。這時候，很多投資專家都紛紛出來分析檢討此波下跌的原因，但或許你閱讀到這裡，會發現我都沒有這麼做，因為我認為去判斷何種利空會造成何種後果，是沒有任何意義的。以後或許不會再碰到相同的利空，所以檢討有什麼用呢？就算碰到類似的利空，結果又一定會一樣嗎？

我反而覺得有一個網友在我的臉書粉絲專頁「樂活分享人生」的留言，提到「轉念」的觀念，更勝那些講得頭頭是道的專家。

他說，如果你買的是「每年都有穩定配息，又不會下市」的股票或「市值型」或「高股息型」的 ETF，就把它們當做在買儲蓄險。

大多數的儲蓄險都是在繳費期滿後，開始每年領利息，但在繳費期間是沒有利息可領，等於資金完全被「凍結」了。

反觀如果用高價買進了上述股票或 ETF，資金當然就是「套牢」了，就如同「凍結」在儲蓄險上一樣。不過，這些股票或 ETF「每年」都會配息給你，而不像儲蓄險是「到期」才配息給你。

很多人都情願在繳 20 年儲蓄險期間沒有利息收入，現在雖然套牢在以上的股票或 ETF，但已經可以開始領息，這不是比儲蓄險更好嗎？

只要股息殖利率能維持至少 5%，就算每年都不填息的最差情形下，也可以在 20 年後還本，然後還能一直領股息，這不就可以看做是另一種 20 年期的儲蓄險概念嗎？

一旦轉念之後，你不就可以不再焦慮了嗎？但如果不是上述的股票或 ETF，當然就不能將它們視為儲蓄險，然後每天都會問「是不是現在就要開始反彈了？」

當時也有一位對股票感到萬念俱灰的網友，問我是否應該去投資黃金才對？以當時黃金大漲、股票大跌的情形來看，好像應該這麼做，尤其股市在 2022 年 10 月更跌到全年最低點。事後來看，如果 7 月份把股票換成黃金，應該是正確的作法。

巴菲特從不建議大家把黃金當作一種投資工具，因為它沒有任何股息，只能賺價差。如果這位網友買了黃金，結果俄烏戰爭突然宣布停火，黃金價格一定瞬間崩落，誰能預先知道呢？

我始終認為，股票是一般人最適合的投資工具，而且在大跌的時候，該「適度」留在市場上，而不是完全「撤出」市場去改做其他投資。「適度」的意思就是去買一些可以轉念成「儲蓄險」的股票或 ETF。

2022 年 8 月 攤牌時刻

台股因為前個月國安基金進場而展開反彈走勢，但我在 7 月 16 日於「小資幸福講堂」裡，發表了一篇名為〈此波反彈何時會結束？〉的文章，大膽斷言反彈不會越過 15700 點，後來真的在 8 月中旬只來到最高點 15475 點。（見本書第 77 頁至第 79 頁）

當初寫這篇文章，就是希望大家手上若有因為期待「賺價差」而買進，但慘遭套牢的股票，該逢高「停損」。此外，你如果有幸在低點買到這些股票，也該逢高「停利」。

當年 8 月，有一個對股市漲跌影響至巨的事件，那就是美國前眾議院議長裴洛西（Nancy Pelosi）訪台。在她未抵台前，大家對中共會有什麼針對性的舉動，充滿不確定性的焦慮感，也一度造成股市重挫。結果什麼事都沒發生，所以股市就繼續反彈來反應這個利空出盡。

當時我因為擔心中共會有較激烈的作為，來報復裴洛西訪台，所以還勸大家要賣掉一些 0050、0056，甚至對於「長期持有」它們的信念也產生動搖。

股市最不確定的因素，絕對不是「經濟」因素，一來它相對容易預測，二來它的影響總有結束的一天，但「政治」因素卻都是突發性的，所以才更讓人難以事先掌握，只好用比較保守、悲觀的角度去面對。

8 月最後一週，台股最高最低點只差了 41 點，而週線（MA5）在 15177 點、月線（MA20）在 15136 點、季線（MA60）在 15151 點，等於三條最重要的平均成本線糾結在一起。這種技術線型可視為多空拔河，雙方終須一戰，來分出勝負。

2022 年 1 月到 8 月呈現一路下跌的走勢，碰到這種多空攤牌時刻，我認為情願保守一點。我在 8 月 27 日「小資幸福講堂」裡，寫了篇文章〈多空即將攤牌，要押哪一邊？〉提醒大家，只是想「賺價差」的個股如果連季線都還沒站上，就可視為「弱勢股」，值此攤牌時刻，還是「走為上策」。（見本書第 83 頁至第 85 頁）

以後如果又碰到這種多空膠著的情形，請以季線能否站上，作為「繼續持有」或「果斷賣出」的重要依據。因為季線一般稱為「生死線」，站上季線，猶可期待，但站不上季線，就毫無懸念了。

後來確實驗證了我的看法，因為 9 月又重起了一波更嚴重的跌勢。

2022 年 9 月 潰不成軍

當年 9 月，指數跌了快 2000 點，最低來到 13274 點，較當年最高點 18619 點，已經跌了 5345 點，跌幅超過 29%。這就是多空拔河，輸的一方（多方）的下場，國安基金當然也面臨了嚴重虧損。這就好像進入長長的隧道，不知出口還有多遠、不知重見光明還要多久。這肯定是所有投資人最難熬的時刻，就算你把套牢的股票「轉念」成儲蓄險，都很難釋懷了。

除了「每年都有穩定配息，又不會下市」的股票，或「市值型」或「高股息型」ETF 之外，我真的一直苦口婆心勸大家要停損，但到了 9 月，再這樣說恐怕會讓投資人更傷心難過。

希望你從這次慘賠經驗中，至少要得到以下 3 個教訓：

第一、**如果你買進某支股票的理由只是想「賺價差」，而根本不了解它的經營體質和未來發展，請在股價跌了10%時，就該停損。**我甚至覺得連「護國神山」台積電都該停損。如果你當時捨不得賣，它又繼續跌，讓你帳面虧損了15%，請務必要斷然停損了，再不做，就會再次面臨2022年9月的那種痛苦。

很多人不願意停損，想用「逢低攤平」的方法降低成本，以為比較容易解套，但結果常常是「越攤越平，攤到躺平。」這是面對股票下跌最糟糕的方法，因為你只看到股票的「價格」，卻忽略了股票更重要的是它的「價值」。

閱讀至此，如果手上持股的股價已經跌了50%，建議你就直接砍了吧！至少眼不見為淨，但請千萬不要聽信很多投資達人喜歡用來鼓勵投資人的那句話「從哪裡跌倒，就要從那裡爬起來。」因為聽信這句話，你就會想用攤平的方法。我認為從哪裡跌倒，應該「要從別的地方爬起來」。所以當你停損後，真正該做的是改變投資策略，追求「穩定領股息」才能把當初虧掉的錢賺回來。

第二、大盤自高點跌了29%，但很多沒有穩定股息的股票跌幅都遠大於此，這更是投資人心頭最大的痛。我從2008年金融海嘯之後就開始只買和大盤幾乎完全連動的0050，只求不要輸給大盤就好。絕大多數的投資人都自認為有能力打敗大盤，但請捫心自問，你這麼多年來有打敗大盤嗎？甚至可能每年最後結算都是虧損的。既然如此，為什麼你不認命和大盤一樣就好？

請記住，「指數」解套的機會一定大於絕大多數的「個股」。1990年大盤最高來到12682點，就算2022年底收14137點，仍舊比它高，更遑論曾來到18619點。反觀當年的股王「國泰人壽」，曾創下1975元的歷史天價，而現在的「國泰金控」只剩下40-50元左右了。連國內保險業龍頭這麼好的公司都無法解套，請問其他絕大多數的公司容易解套嗎？

所以我一直認為，**情願套在「指數」上，也不要套在「個股」上。**

第三、**不要只追求「短時間內賺錢」，而該追求「長時間一定賺」。**比爾蓋茲曾問巴菲特「你的方法這麼簡單，為什麼沒有人能學會？」巴菲特回他：「因為沒有人想慢慢致富。」

「套牢」是所有投資人的宿命。只要你買到值得長期投資的股票，套牢一陣子，甚至套牢一兩年，又有什麼關係？但是如果有些股票讓你套牢很多年，可能就不是值得你長期投資的股票。

這個月的重挫，對投資人來說，就是一個最好檢視持股的機會，可惜很多人都必須付出資產嚴重縮水的代價，才能學到教訓。

不過也不要氣餒，因為你只是碰到跌了 5000 多點的一年，不像我當年在 1990 年是面對跌了超過萬點的一年。只要你還在上班，有固定薪水，就不怕沒有東山再起的未來，不過請不要再犯和 2022 年一樣的錯誤了。

2022 年 10 月 曙光初露

這個月終於來到了 2022 年最低點 12629 點，然後從這裡開始緩步反彈。為什麼開始反彈？理由有二：

第一、所有技術指標都來到近幾年來的低檔區。以我常用的「隨機指標」（KD）為例，不止日K來到10以下，連週K都跌到10，月K也跌到14。這是近幾年幾乎看不到的數值，可以說是跌夠了。

第二、12629點比1990年最高點12682點還低，在技術分析上可說是完成了「交代」，也就是說市場的空方力道把多方力道打回了1990年，已經算「大獲全勝」，再持續追殺多方，已經沒有必要了。

大盤跌多了，一定會反彈，只是時間早晚的問題，但是個股可不一定喔！這時候進場，還是要嚴防繼續破底，所以對個股而言，仍不宜任意猜測底部。

事後來看，12629 點就是最低點，但當時沒有任何專家敢說低點已現，甚至有人預言會跌破萬點。我當時也不知道那是最低點，但我決定依我的紀律開始買 0050 和 0056。我的想法是萬一繼續下跌，這兩支 ETF 對我來說，是可以放心套牢的標的。

因為台股跌破季線已經好幾個月，可以確認是空頭市場，所以我將原先「日 K<20，買」的紀律改成「日 K<10，買」。此外，0056 除息後，跌到 23 元附近，我當然也見獵心喜，進場承接。

當時有個網友問我，他也想在此時買 0050 和 0056，但存摺裡根本沒什麼錢了，怎麼辦？所以他就想把房子拿去銀行抵押借錢來籌錢。

我從不建議大家借錢來投資，就算是買 0050、0056，都不該這麼做。因為萬一股市繼續跌，你就要肯負還本金和利息的壓力，這樣一定會讓你更焦慮。

我建議他該處分一些股票來變現。這樣做當然會賠錢，但至少可以視為一次持股大掃除，也算是「塞翁失馬」。這時，請務必汰弱留強，把在技術線型上最弱勢，甚至虧損最多的股票賣掉，然後留下稍稍強勢的股票。或者賣掉很少配息的股票，留下每年都能穩定配息的股票。

不知道他最後有沒有去借錢來買？事後來看，這樣做或許才是正確的。如果他接受我的建議，賣掉一些股票，後來可能會怨我，因為下個月台股就大漲了。但是，當時誰知道後來會怎麼發展呢？

我的一貫立場，永遠是「先想風險，再想獲利」。我認為應該先把「當下」而且「確定」的風險控制住，而不該去期待「未來」而且「不確定」的獲利。股市處於多頭市場，一般人很容易忽略風險，但經過2022 年的震撼教育之後，希望你開始建立「風險意識」。

2022 年 11 月 外援助陣

11 月 11 日台股受美股大漲影響，一天暴漲 500 點，居然直接站上14000 點和季線。然後，隔週傳來巴菲特大買台積電的消息，讓台股投資人信心大增。10 月來到低檔，本來就有很大的機會可能反彈，再加上美股和巴爺爺的加持，一個月就反彈了近 2000 點。

大盤從 12949 點漲到 14879 點，漲了 14.9%，而我的 0050 從 99.05 元漲到 116.35 元，漲幅 17.5% 還贏過大盤，這當然是拜 0050 最重要的成分股台積電大漲所賜。我的 0056 從 23.48 元漲到 25.65 元，也漲了 9.2%，而且只差 0.19 元就填息了。下個月它便完成填息，打臉了很多專家認為它很難填息的預言。

我沒有在吹噓我前個月買進 0050 和 0056 有多神準，我只是想說台股已經跌到所有技術指標的歷史低檔區，買這兩支 ETF 相對能讓人比較安心。我在 10 月買的時候，哪可能知道下個月會大漲呢？

你可以回去檢視你的持股在 2022 年 11 月的漲幅是多少？如果超過大盤，甚至贏過 0050，就代表你真的是投資高手。如果大盤漲了這麼多，你當時的持股卻還是下跌，就代表你毫無選股的能力，只是心存僥倖，去買到處聽來的明牌。這時何不痛定思痛，以後只買「市值型」和「高股息型」的 ETF 呢？

或許你還是相信選股才有機會賺大錢，但容我建議你做一點點改變。我希望你撥出一點點錢來買 0050、0056，其他的錢還是買個股，等一年之後，看看績效誰優誰劣？如果是 0050、0056 較優，你就會相信「選市不選股」是比較容易賺到錢的。

11 月大漲，終於確定了 10 月出現的 12629 點就是此波的最低點了。2022 年從最高點 18619 點跌到 12629 點，總共跌了 5990 點。在此，我再幫大家複習一次「弱勢反彈」、「正常反彈」，和「強勢反彈」觀念。

弱勢反彈：只能反彈到 14917 點

5990 × 0.382 － 2288

12629 ＋ 2288 ＝ 14917

正常反彈：至少反彈到 15624 點

5990 × 0.5 ＝ 2995

12629 ＋ 2995 ＝ 15624

強勢反彈：反彈到 16330 點之上

5990 × 0.618 ＝ 3701

12629 ＋ 3701 ＝ 16330

你也可以參考以上的算式，找出你手上持股的最高價和最低價，算出三種反彈的滿足點。如果日後從來沒有回到「弱勢反彈」滿足點，我勸你別留戀，直接賣掉，換「市值型」或「高股息型」的 ETF 吧！這樣才有比較穩健的方法，把虧損的錢賺回來。

11 月只漲到 14879 點，並沒有一鼓作氣，至少來到「弱勢反彈」滿足點的 14917 點，果然在次月就開始回檔，讓大家又開始懷疑此波反彈是否只是曇花一現？

2022 年 12 月 激情過後

美國聯準會的升息腳步並未停歇，俄烏停戰也遙遙無期，加上國內金控股受防疫險虧損和債券跌價損失影響，這些利空都讓反彈之路不易持續，所以大盤在 12 月出現了 742 點的回檔，全年收在 14137 點。

2022 年最後結算，整年跌了 4081 點，而最高點和最低點則差了 5990 點。

12 月小幅回檔，其實是很正常的事。在沒有任何利多的情形下所出現的反彈，本來就需要稍事休息，才有動能繼續上攻。

你在 2022 年底，是否有針對一整年的投資「策略」做過任何檢討？如果有，就會在未來碰到類似情形時，先訂定好因應的對策，這樣

2022 年的虧損，對你就有意義。如果沒有，只是怪自己運氣不好，只是一直告訴自己「如果早知道」，那麼未來你還是永遠難逃虧損的命運。

在 2021 年多頭市場中，若有賺錢，一定認為是自己厲害，但其實運氣的成分居多，千萬別高估了自己的能力。如果在 2021 年還賠錢，那真的是能力有問題，這時為什麼還堅持要「選股」呢？

反觀 2022 年的空頭市場才有可能讓你成長，知道以後不要再犯相同的錯誤。

多空市場安心投資的 10 大重點

最後，我將列出你該謹記的 10 大教訓，讓你不論在多頭市場或空頭市場，都能更安心地面對股票的投資：

1. 如果手中的持股無法每年穩定配息給你，股價一旦下跌 10%，就該停損，若下跌超過 15%，請一定要停損。
2. 買股票不要只想「賺價差」。該買每年都穩定配息，公司大到不會倒的股票，即使在空頭市場套牢，也不會過度擔心。
3. 不要再妄想打敗大盤。買「市值型」的 ETF，只求和大盤一樣就好，至少在面對大盤下跌時，跌幅不會比大盤多。

4. 絕對不要辭掉工作，以為靠股票投資就能應付生活開銷。有穩定的薪資收入，才能對抗股市下跌的風險。
5. 絕對不要借錢買股票，就算拿來買 0050、0056 都不該這麼做。沒有人事先知道股市低點，萬一續跌，你就要背負還本金和利息的壓力。
6. 如果用定期定額的方式投資，當股市持續下跌時，你也不該停扣。股價越跌，買的單位就會越多，不是更好嗎？
7. 在股市下跌中，不要以為「現金為王」，而完全撤出市場，反而應該適度留在市場中。此時的投資標的，以「市值型」和「高股息型」ETF 為優先考慮。
8. 若未來還能碰到日 K、周 K、月 K 都來到 10 左右時，就該大膽進場，但還是優先買「市值型」和「高股息型」的 ETF。因為個股或許還會繼續跌，但大盤再跌的機會已經不大。
9. 隨時做好股市會下跌的準備，也就是說你手上的持股就算套牢一兩年，你也不會焦慮難安。如果沒辦法忍受套牢這麼久，你根本就不該買進。
10. 面對股市起伏，不該過度樂觀，而該保持樂活。

1-1 2022 年 1 月

0050 嚴重貼息，該焦慮嗎？

2022 年 1 月 21 日是 0050 當年的第一次除息日。沒想到居然碰上台股重挫，0050 也從除息參考價 145.9 元，直接殺到 142.65 元作收，跌了 3.25 元，跌幅是 2.2%，呈現嚴重貼息的情形。有個新聞網因此下了個標題：「35 萬股民揪心肝」你是其中一個會揪心肝的股民嗎？而且也很焦慮嗎？

我相信看過我的書的朋友，一定不會揪心肝，因為我們都不會在「2022 年」除息前買 0050。

2022 年除息前，沒有任何人問過我「要不要參加除息？」因為大家都知道我的紀律，是在「日 K20」的時候才會買進。2022 年除息前，日 K 最高來到 90 以上，最低也不過 40 出頭，都是不該進場的時候。

我從不考慮「要不要參加除息？」因為如果除息前看到日 K<20，我就會進場買 0050，當然就參加除息。此時日 K<20，是處於相對低檔，填息的機會當然更高。

如果除息前看不到日 K<20，甚至 2022 年除息前，日 K 都在

50~90 之間，依照我的紀律，不該在此時買進，當然就不會參加除息。既然不參加除息，就不會因為嚴重貼息而擔心肝了。

最近一次除息前看到日 K<20，是在 2021 年 10 月初，可以買進 0050 的價位大約在 133 元左右。如果當時買進之後，你也沒賣，這次當然有領到股息 3.2 元，就算 1 月 21 日跌到 142.65 元，離你的成本還超級遠，又怎會擔心肝？

還有很多人根本是長期持有，成本可能更低，更不會擔心肝了。

如果你是因為要參加除息，才在 2022 年除息前買 0050，當然就有可能因嚴重貼息而焦慮。0050 的股息殖利率向來都不高，兩次配息加總後，還不到 3%，並不足以對抗通貨膨脹率。**買 0050 著眼的是它的「股價成長性」，而不是它的「股息穩定性」，而 0056 則正好相反。**

如果你真的運氣不好，是從 2022 年才開始執行定期定額買進 0050，正好就買在除息前的高價，也不必擔心肝。因為定期定額就是希望長期投資，不想再煩惱進場時機，所以現在跌下來，或許下個月就能買在比較便宜的價位，不是應該開心才對嗎？**定期定額長期執行下來，不可能都買在最高價，也不可能都買在最低價，但平均下來，一定趨近於長期的平均成本，所以真的不必擔心。**

如果你因為第一次就扣在最高點而懊惱，然後就不再執行下去，那就會永遠擔心肝了。

不過就算你高檔嚴重套牢，也無需太焦慮，因為 0050 一來不可能下市，二來好歹每年都有配發股息，三來解套的機會一定比絕大多數的個股都要來得大。

有人因為看 0050 每次都會填息，所以索性都在除息後買進，然後等它填息的時候就能輕鬆獲利，以往真的都屢試不爽。這一次，如果你用 1 月 21 日收盤價 142.65 元買進，然後「順利」賣在除息前收盤價 149.1 元，也就是完全填息的時候賣掉，可賺 6.45 元，報酬率是 4.5%，比這一次的股息殖利率 2.1% 足足多了一倍。

如果你耐心等到日 K<20 才進場，0050 股價一定更低，那麼價差就更大、報酬率也會更高。

以前每次都有人問我可否用以上的方法來賺價差，我都必須警告他們「萬一這次真的不填息呢？」現在，我也要用同樣一句話提醒大家，屆時該怎麼辦？

其實也無須太擔心，就「大不了套牢」，長期領股息，慢慢等解套吧！

個股嚴重貼息真的要擔心肝，但 0050 真的不必太焦慮。

（本文原刊於 2022 年 1 月 21 日「方格子」訂閱網站「小資幸福講堂」專欄。）

1-2 2022 年 1 月

明知山有虎，偏向虎山行

2 月 1 日就是大年初一，上節目時總要說些吉祥話，祝大家虎年都能心想事成，做什麼事都虎虎生風。不過，我其實最想說的不是這些，而是大家在面對虎年的股市，應該要抱著「明知山有虎，偏向虎山行」的心態。

在牛年封關的最後幾天，台股跳水重挫，從最高點 18619 點跌到封關的 17674 點，跌了 5%，再加上美股也是跌跌不休，甚至跌幅更勝台股，或許會讓很多人沒心情過年。如果你真的非常焦慮，可能就是你的心態出了問題。

多數專家都認為此波下跌和美國聯準會升息，以及烏克蘭與俄國的地緣政治緊張有關。股市從來不缺利空，永遠沒人知道何時會大跌，因此想要在股市高檔全身而退，是幾乎不可能的事，所以我才說「明知山有虎」。

避開「有題材」個股

股市有很多虎視眈眈想要賺你錢的人，想要把你當韭菜割的人。如何避免被這些老虎吃掉？就是不要去買「有題材」的股票。

這種有題材的股票，當然吸引人，所以股價才會經常出現凌厲的漲勢。一開始，大家都會賺到錢，但看它持續上漲，難耐手癢，又用高價把它買回，最後就在最高點套牢，而難以脫身，把之前所有的獲利吐光，甚至倒賠。去年的貨櫃三雄就是最典型的例子。

貨櫃三雄還算是大型股，應該不至於發生下市的情形，但如果是小型股，一旦高檔套牢，還可能因為下市而讓你資產瞬間歸零。

在股市，真的不要自以為是景陽崗上的打虎英雄武松。這些如狼似虎、吃人不吐骨頭的股市炒手，豈是一般散戶能夠對抗的？

領股息保百年身

明知山有虎，我們就該輕手輕腳，別被老虎發現。怎樣才能躲過老虎的覬覦呢？那就是默默賺，別張揚。

心中想「領股息」的人，老虎就對你沒興趣。心中想「賺價差」的人，就會成為老虎垂涎的對象。只想領股息，股市炒手誘惑不了你；念茲在茲賺價差，股市炒手就把你當肥羊。

很多極度保守的人「明知山有虎」，所以不敢踏入股市，自以為不會被老虎吃掉，但「通貨膨脹」卻是一頭隱形的老虎，讓你慢慢被吃掉，都不自知。

就算是「明知山有虎」，真正該有的因應之道是「偏向虎山行」，也就是要到股市來賺取打敗通貨膨脹率的獲利，因為「不入虎穴，焉得虎子」。

虎年股市絕對是「來者不善，善者不來」。尤其是去年股市已經大漲一大段，任何回檔都不意外，而且牛年封關前不就是一場震撼教育的演練嗎？

那麼，該如何面對凶險的虎年股市呢？

領股息，能保百年身；賺價差，小心一失足成千古恨。

但是要提醒大家的是，並不是所有的股票都能長期領股息喔！如果每年都沒填息，那就是自己把投資的錢拿回來，根本都沒賺到錢。如果不是每年都配息，也不該作為存股的標的。如果還有可能會下市，那絕對不能買！

可以長期領股息的股票，必定符合以下四個條件：

一、每年都配息。不管景氣好壞，公司都有能力配息，就能證明其經營能力值得信賴。

二、股息殖利率至少能打敗通貨膨脹率。最好超過5%，但也絕不能低於3%。

三、公司大到不會倒。任何公司都有倒閉的可能，但如果連這家公司都倒了，台灣大概也會倒。

四、每年都填息。這個條件是唯一可以接受打折的。如果它無法每年填息，但因為每年股息殖利率都能超過5%，所以最差的狀況是20年還是能還本，就不必擔心偶爾幾年無法填息。例如股價30元，每年都給你5%的股息殖利率，也就是每年能領1.5元的股息，20年後就能把30元全數領回，就真的可以放心年年領了。

虎年看來詭譎多變，下跌機會應該比去年來得大。如果你只想領股息，反而應該開心，因為股價跌，股息殖利率不就會提高嗎？如果你想賺價差，肯定面對的是一個步步驚魂的股市，就得小心翼翼，且自求多福吧！

（本文原刊於 2022 年 1 月 28 日「方格子」訂閱網站「小資幸福講堂」專欄。）

1-3 2022 年 2 月

虎年開紅盤，會漲嗎？

虎年股市即將在 2 月 7 日開始正式交易，為了討個吉利，俗稱「開紅盤」。開紅盤可能上漲，也可能下跌，所以幾乎所有的媒體、專家都會來做預測。大家一定想知道我的預測是什麼？我的答案是三個字。如果是我的讀者一定猜得出答案。

其實這個問題，每天都可以問一次，那就是「明天台股會漲嗎？」所以開紅盤的那一天，也不過就是開市交易很普通的一天罷了。大家之所以想知道「開紅盤」不外乎就是想有個好兆頭而已。

媒體最愛用統計數據，例如近 10 年，或近 20 年上漲的次數是幾次，就能算出上漲的比例是多少。但這有什麼意義呢？就算每一年都上漲，上漲機率是 100%，但今年還是有可能下跌啊！

很多專家會看台股休市期間的國際股市表現，特別是美股的漲跌，來做重要的參考依據。我認為這還比較有意義，畢竟台股漲跌和美股有著極大的關聯性。

2022 年這段休市期間，道瓊漲了 2.3%，那斯達克漲了 4.1%，標普漲了 3.3%，費半漲了 3.1%。若有專家以此來研判，認為台股上漲的機率比較高，我就比較能夠認同。

如果你 1 月 26 日封關前，為了怕休市期間股市動盪而選擇賣股退場，現在可能就擔心要用更高的價格追回來了。如果你封關前能預測年後會上漲，這時應該會慶幸自己當初的決定是對的。不過，不到 2 月 7 日收盤，也沒人能真正知道結果。

不管結果如何，你應該先問問自己是以下哪一種人？股市投資人有三種心態：

下焉者，上漲才開心

這種人滿手都是股票，當然希望手上每一支股票都上漲。任何一支下跌，肯定都不開心。這可能是股市中比例最高的一種人，結果最後大部分都是賠錢的，因為關鍵在於「沒有做好資金控管」。

每個人都相信，大盤不會一直上漲，但絕大多數的人又相信，自己能買到即使大盤下跌，也會繼續上漲的股票，所以這些人經常都是滿手股票，當然就成天活在焦慮中。這種「僥倖」的心態，都是為了賺價差，當然只有看到股票上漲才會「開心」，但多數時候的下場都是「傷心」。

中焉者，下跌更開心

只想領股息的人，在股票下跌時，應該會「更」開心，因為他們可以用更低的價格買到更多的張數，屆時股息殖利率就會更高。

不過，如果下跌「才」開心，其實並不是好事。這種人可能是滿手現金，所以一直在等下跌時進場。但是股價下跌時，他們可能又縮手了，因為害怕跌更多而套牢。

我希望大家千萬不要抱著現金一直等，因為萬一股價持續上漲，就永遠等不到低點來買。最好的做法就是，一定要有一些資金是留在市場中的。股價漲，開始賺錢，當然開心；股價跌，又有機會可以進場，就會「更」開心。

還是要提醒大家，只有買那種「每年都有配息，每年也都能填息，而且公司大到不會倒」的股票，才能安心領息。並不是所有的股票都可以喔！

上焉者，不管漲或跌都無感

這種人絕對是少數中的少數，因為根本違反人性。除非你手上的股票在當初用很便宜的價格買進，現在即使下跌，你都還是獲利可觀，否則怎麼可能漲跌都無感？

能達到這個境界的人，一定是長期投資的人，而且買的也是值得長期投資的股票。很多人都想學巴菲特的「價值投資」方法，但不一定能買到可以安心長期投資的價位，當然就很難做到「漲跌都無感」。

「指數化投資教父」約翰．柏格（John Bogle）的許多信徒，自認「ETF 買進之後，就什麼事都不要做了」，然後就能永遠擺脫漲跌的焦慮。

不過，我在去年 10 月才買進 VT（Vanguard Total），結果碰到美股今年大跌，目前尚處於小幅虧損，我也很難完全無感。

約翰．柏格面對漲跌，也曾心魔上身。他在 2018 年底，生前最後一次受訪時，表達對隔年 2019 年股市的憂慮，也對自己「抱牢 ETF」的信念有所動搖，還建議投資人「最好先把足夠的錢領出來」。即使連約翰．柏格也做不到「漲跌都無感」。

「漲跌都無感」太難了，大家不要心嚮往之。只有在不違反人性的情形下賺錢，才能獲得真自在。

最後，我要來回答「虎年開紅盤，會漲嗎？」這個問題。我的答案應該大家都知道，那就是「不知道」。開紅盤漲或跌，對未來大盤的漲跌，根本毫無意義。換句話說，即使你在開紅盤之後才看到這篇文章，也沒什麼關係了！

（本文原刊於 2022 年 2 月 5 日「方格子」訂閱網站「小資幸福講堂」專欄。）

1-4 2022年2月

俄羅斯和烏克蘭會不會開戰？

本週股市一下子大漲，一下子大跌，就是因為俄烏兩國時而停火，又時而可能開戰。因為這種不確定性，所以股市才會震盪劇烈。要回答兩國會不會開戰這個問題，其實只有俄羅斯總統普丁能回答，那麼投資人該怎麼判斷呢？

最近影響股市的兩大消息，一個就是俄烏「是否」開戰？另一個就是美國聯準會「確定」要升息，只是「不確定」升息幅度多大？

用理性來分析，應該不會開戰，但開戰常常都是失去理性後的決定。股市最怕這種「不確定性」了。

因為不確定，所以才會暴跌、暴漲。這時候，大家都想聽專家的說法，希望能做出正確的投資判斷。專家就算說得頭頭是道，其實還是要普丁說了才算數。既然如此，乾脆別聽了。

這是一個資訊爆炸的時代，大家接收資訊也越來越方便，反而受到非常多「雜訊」的干擾。雜訊一多，就更難做決定，然後只好觀望。

很多人怕戰爭帶來雪崩式股災，所以先退場觀望。有人手上沒有股票，當然更容易採取觀望態度。

如果一直不打，股市永遠不會漲。2 月 16 日，俄軍有撤軍的跡象，股市立刻大漲回應。2 月 17 日，烏克蘭開火了，股市又立刻跳水重挫。其實真的開打，反而是好事，或許就「利空出盡」，一來不確定性消失，二來立刻可以從戰局研判嚴重性，如果沒有想像中激烈，甚至可能來個超級大反彈。

這時，你該做的不是預測此事的發展，而是做好沙盤推演。以下建議你的不是「該怎麼做？」，而是「不該怎麼做？」

第一、不該把股票完全賣光

任何能預測到的利空都不會釀成真正的股災，所以一定要適度的留在市場裡。沒有基本面、純粹靠炒作的題材股可以先賣一趟，特別是帳面上已經虧損的股票，應該要做停損的準備。如果是有基本面支撐的股票，就算要賣，也不要都賣光。

第二、不該賣 0050、0056

也不該賣類似 0050、0056 這種相對安全的 ETF。有穩定股息、資產規模大到不可能下市，就是我所謂的「安全」的 ETF。不過，如果看到日 K>80，還是該按紀律賣出。這和俄烏是否開戰無關，純粹就是尊重「紀律」。

第三、不該停扣定期定額

很多人會害怕股市大跌，而想用「停扣定期定額」來因應。這是完全錯誤的想法。定期定額必須長期執行下去，才有效果。股價下跌，反而對定期定額更有利，因為同樣的金額不是可以買到更多單位嗎？

第四、不該猜測底部

萬一真因為俄烏開戰而造成股市重挫，也不要在心中設定一個想要進場的底部指數。如果真的來到你猜的指數，絕大多數人還是不敢進場，因為屆時你會將底部再往下修正，真的會錯過進場時機。

此時，請追蹤一些「每一年都有發股息，同時絕對不可能下市」的股票，只要它的股息殖利率超過 6%，就勇敢買進吧！

第五、「絕對」不該放空

當然也不該買類似「元大台灣 50 反 1」（00632R）這種反向的衍生性 ETF。千萬別以為開戰一定會造成股市大跌，萬一反而大漲，也是有可能，屆時這種反向 ETF 就會大跌。就算不確定性不可能讓股市大漲，但只要盤整，就會讓持有的反向 ETF 開始逐步下跌。衍生性 ETF 是絕對不可以套牢的，一定要停損。

只要一直不確定，股市就會一直跌。一旦確定，如果是俄羅斯全面撤軍，股市一定大漲；如果真的開戰，當天很可能開低走高，然後開始反彈。

（本文原刊於 2022 年 2 月 18 日「方格子」訂閱網站「小資幸福講堂」專欄。）

1-5 2022 年 2 月

當紀律碰上人性，怎麼辦？

本週台股持續籠罩在俄烏開戰的陰影下，一週跌了 580 點，開戰的 2 月 24 日更是一天跌了 461 點。這時候，大部分人都會很焦慮，因為想要遵守紀律，但人性中的恐懼又要阻止你遵守紀律，怎麼辦呢？

每一次的重大利空，其實都是不斷考驗「紀律」與「人性」的時刻。兩者若能取得平衡，就是最好的因應策略。每一個人都該找到適合自己的紀律，才能克制人性。如果沒有一個可資遵循的紀律，就永遠受制於人性，永遠陷入「追高殺低」的輪迴宿命中。

每次造成重挫的利空「消息」都不一樣，但「效果」卻是一樣的。如果你能事先規劃好哪一類利空能進場，哪一類利空不能進場，然後遵照此一原則來做，或許也算是一種紀律。但這實在太難了，所以我建議不管是哪一種利空都敢進場，才能克制人性。

千萬不要每次都告訴自己：「這一次不該進場，但下一次我一定要進場。」這種誓言保證你每次都不敢進場。

巴菲特常說：「別人恐懼時，我貪婪；別人貪婪時，我恐懼。」這句話非常有道理，但很少人做得到，因為你該「貪婪」哪一支股票呢？

因此，**遵守紀律有兩個層面，一是「進場買股票」，二是「買能讓自己安心的股票」**。以我為例，我的紀律就是「日 K<20，進場」然後「買 0050」。

不過，現在大盤日 K 在 28，0050 日 K 在 25，兩者已趨於幾乎一樣，但還沒有小於 20，所以也不必現在就糾結要不要守紀律。很多人的焦慮反而是要不要等到 K 小於 10 才進場？或是擔心戰爭如果持續下去，會讓股市持續重挫，所以是否乾脆這一次不要進場了？

大盤跌破季線也不過兩天，0050 跌破季線也不過 5 天，都未超過一個月，不構成「空頭市場」的條件，所以我的紀律還是「日 K<20，買進」。

其次，遇到股市重挫時，我認為還是該適度地「參與」市場，而不要「預測」市場。0050 是「可以參與市場」的相對安心標的，原因有三：一不會下市，二每年都有股息，三只要大盤反彈，它至少會有相同漲幅。

我沒有說一定要買 0050，以下提供另外三類股票給不同投資屬性的人：

一、居於業界領導地位，長期持續看好成長的公司

這類股票當然以台積電為代表。很多人不是預測台積電會上看 1000 元嗎？現在跌到 600 元附近，如果你認同以上的目標價，為什麼不敢買呢？你還要等更低才要買，其實就代表你不認同這個價格，但到底要跌到什麼時候你才敢買？我相信你一直等待的結果，就是屆時會買得比現在的價格還高。

二、每年都有穩定配息的金融股

這類股票當然以兆豐金為代表。有個網友跟我說，他對於我說「因為銀行不會倒，所以該買銀行的股票，而不是把錢存在銀行裡」最有感，這也是我認為金融股是存股最好類股的原因。接受這個看法的人越來越多，加上升息勢在必行，當然對銀行經營是一大利多，所以股價多逆勢上漲，大部分金融股股息殖利率已經不到 5%，這讓很多人開始有些猶豫了。換個角度想，股市重挫都無法使金融股明顯回檔，一旦大盤反彈，股價不就會越來越高，更買不下手嗎？

三、標榜高股息的台股 ETF

這類 ETF 當然以 0056 為代表。它的股價至今沒有像金融股一樣堅挺，約略與大盤相當，所以股息殖利率應該還能維持在 5% 以

上。若你真的不甘願買兆豐金，0056 是你可以考慮的另一個「每年都有穩定配息」的標的，而且風險更分散。

在股市混沌不明時，千萬別以為自己有能力找到能夠逆勢大漲的股票。以上這四類股票可以克制人性，願意遵守紀律的相對安心標的。

（本文原刊於 2022 年 2 月 25 日「方格子」訂閱網站「小資幸福講堂」專欄。）

1-6 2022 年 3 月

大盤反彈結束了嗎？

大盤自低點 16764 點反彈，至 3 月 25 日來到 17676 點，還會繼續漲嗎？還是反彈就要結束了？答案當然是「我不知道」，但我還是想提供幾個指標，讓你決定要續抱或是獲利了結呢？

如果是定期定額買 0050，就請長期執行下去，不要受這篇文章影響。或是你買的 0050 從來沒想過要賣，而且成本都很低，也請堅持自己的策略，不必在意短期的波動。

這篇文章主要是寫給成本在 130 元以上，而且買的張數不多，也沒有多餘閒錢，有點焦慮現在該不該賣的人。

依我的紀律「日 K>80，賣」而 3 月 25 日的日 K 已來到 90 左右，其實當然該賣，但很多人在糾結會不會像去年一樣高檔鈍化，還繼續漲？如果真是如此，現在賣不就少賺了？

我的建議是「該獲利了結了！」為什麼？因為我認為「短線」反彈應該是結束了。

第一、大盤正式進入空頭市場了

指數在 2 月 24 日已經跌破季線，而 3 月 25 日仍未站回季線，也就是還無法回到季線的位置 17911 點之上。依技術分析理論，這就確認進入「空頭市場」。除非未來能站回季線以上一個月，才能說回到「多頭市場」，目前看來沒有什麼利多可以支撐這個期待。既然是空頭市場，要續漲的可能性就很小。

第二、該週每天的成交量都不到 3000 億元

成交量代表人氣。股市沒有人氣，就代表大家都不看好未來，就不想追高。**有句股市名言「量先價行」，意即成交量大，未來才有上攻的力道，否則就攻不上去。**去年之所以一路上漲，就是成交量從未像該週這樣急速萎縮。

第三、反彈勁道並不強

2022 年最高曾來到歷史最高點 18619 點，最低跌到 16764 點。反彈勁道是依據高低點的落差 1855 點，然後用「黃金切割率 0.382/0.5/0.618」來衡量：

一、弱勢反彈：只能反彈1855點的0.382，也就是只能反彈708點，只能來到17472點。以該週五收盤指數17676點來看，此波反彈

比「弱勢反彈」要強。

1855 × 0.382 = 708

16764 + 708 = 17472

二、正常反彈：可以反彈1855點的0.5，也就是可以反彈927點，來到17691點。以該週五收盤指數17676點來看，此波反彈接近「正常反彈」。該週五盤中曾來到17747點，但終究沒有收在17691點之上。成交量不大，就會功虧一簣。

1855 × 0.5 = 927

16764 + 927 = 17691

三、強勢反彈：可以反彈1855點的0.618，也就是可以反彈1146點，來到17910點，和季線位置17911點幾乎一樣。該週五收盤指數只來到17676點，當然不能算「強勢反彈」。

1855 × 0.618 = 1146

16764 + 1146 = 17910

因為日K已經來到90左右，看來要持續反彈，成為「強勢反彈」的機會當然不大了。

因此，如果你曾在 3 月 8 日日 K<20 的時候，用 131-132 元之間買進的話，現在也有 6-7 元的價差，建議你還是依照紀律執行賣出。

如果你是在 1 月 26 日日 K<20 的時候，用 141-142 元之間買進的話，所以現在還在套牢。如果是我，就算反彈結束，我也不會賣，就讓它套牢領股息。如果你很焦慮，而且也需要錢來生活，或許考慮「認賠出場」，畢竟虧損應該不到 3%，比其他個股都要小很多。

如果你是以上這種人，也就是資金不多的人，我建議你不該買整張 0050，而應該用定期定額的方式做長期投資，甚至你該買 0056，而不是 0050。

如果你像我一樣，兩次日 K<20 的時候都有買，平均成本會在 135-136 元之間，我建議賺點小錢，先全身而退吧！

最後，提醒大家，本文完全沒提 0056 該不該賣？當然不必賣，因為我買 0056 的策略是「隨時都可買，買了忘記它」既然要「忘記它」，怎麼會要賣呢？

（本文原刊於 2022 年 3 月 25 日「方格子」訂閱網站「小資幸福講堂」專欄。）

1-7 2022 年 4 月

現在該退出市場嗎？

4 月台股跌了 1100 點，若算 4 月最低點 16219 點，則是跌了 1474 點。這個最低點與 2022 年最高點 18619 點相比，跌了 2400 點，跌幅高達近 13%。還會跌嗎？現在該退出市場，保留現金嗎？

現在又到了考驗人性的時候了。巴菲特說：「別人貪婪時，我恐懼；別人恐懼時，我貪婪」但我認為很難做到，一來人性難違，二來你沒有他那麼龐大的資金，可以承擔「貪婪」帶來的可能風險。

最近有位投資達人寫了一本書，他預測 2023 年底台股會跌到 10000~11000 點。你若認為他講的有道理，現在當然該退出市場，耐心等到那個時候再進場。不過，萬一沒發生呢？現在出場，應該難逃虧損命運，然後反彈又賺不到錢了。

還有人在 2021 年說，台股 2022 年第三季會看到 20000 點。你若認為他講的有道理，現在當然不該出場，甚至還該加碼。不過，萬一沒發生呢？屆時你就會後悔為什麼現在不出場。

或許他們兩個人都說對了，也就是 2022 年第三季真的會到

20000點，然後2023年底跌到10000點。如果是這樣，現在不出場，等漲到20000點再出場，然後耐心等到10000點再進場，那就太完美了。但你又不是到了「解憂雜貨店」，如何能事先知道呢？

還有人說，台積電會上看1000元。如果你也這麼相信，現在為什麼要出場？不過，當台積電最近跌回2021年起漲點時，已經沒有人再信誓旦旦說它會到1000元了。

你問該不該出場，就代表你根本「不知道」。不過，你不必難過，因為所有的人都不知道，包括專家也都不知道，他們都只是「預測」而已。

該不該出場？還要看你是處於什麼情形，然後會有不同的應對方案。

如果你現在連生活費都沒了，當然該出場。不過，如果你手中有好幾支股票，該先賣掉哪一支呢？我建議先用消去法。如果是每一年都有配息，公司又大到不會倒的股票，可以不要賣。不符合這兩個條件的股票，再請你優先賣掉你「最不相信」的那一支。你既然不可能「知道」，那只好用「相不相信」來做判斷的標準。

如果你連哪一支股票能夠相對「相信」都不知道的話，就證明你根本都是用「僥倖」的心理在買股票，賠錢的機率當然就非常高了。

當你最不相信某支股票時，也不用管賠多少錢了，直接認賠出場吧！你都不相信它了，卻又捨不得賣，不就是貪圖「僥倖」嗎？

如果你發現，你沒有任何一支股票能相信，就從股價最高的那一支賣起吧！至少生活費可以有著落。

如果還有生活費，才有資格選擇不出場。這就是我為什麼一再提醒大家「工作是正餐，投資是附餐」的道理。每個月有固定的薪水能入帳，至少生活上沒有即刻的壓力。不過，如果你的心情還是非常焦慮，也請用以上相同的方法來做決定。

如果你雖然還有生活費，但都是借錢來買的，我建議你最好直接賣掉一半，因為萬一繼續跌下去，背負還本金以及付利息的壓力，肯定讓你睡不著覺。

如果你決定要賣了，請立刻賣，不要等了。或許你會問我，如果賣掉之後，它就反彈了，不是很可惜嗎？當然會覺得可惜，但賣掉之後，就「確定」虧損了，不然如果一直等反彈，卻一直等不到，就會永遠處於「不確定」的焦慮中。

有人問我 0050、0056 該不該停損？這還是取決於你「知道」嗎？你「相信」嗎？我不會在此時賣掉它們，因為我「知道」它每年都有配股息，也「相信」它們永遠不會下市，而且和大盤一樣，漲多了就會跌，跌多了也一定會漲。任何個股和大盤最大的差別就在於，它們有可能一直漲，也有可能一直跌。

如果你現在幾乎沒有股票，我不建議你繼續等待，應該可以在此時進場來買一些你「知道」的股票，或至少是你「相信」的股票，因為我認為「適度參與市場」優於「現金為王」。

如果你用定期定額的方法在買你「相信」的股票，切勿中斷，請你繼續執行下去。

如果你連0050、0056都不「知道」，且都不「相信」，也無法「相信」任何股票的話，我認為你永遠都不該買股票。

（本文原刊於2022年4月30日「方格子」訂閱網站「小資幸福講堂」專欄。）

1-8 2022 年 5 月

你是不是很後悔為什麼不早一點賣？

2022 年 5 月第一週大盤試圖反彈，但 5 月 6 日又大跌，讓後市看來很難樂觀。我相信很多人都後悔，為什麼不早一點賣，就能躲過這波重挫。不過，我認為你當初是基於什麼原因而不賣，這才是問題的關鍵所在。

如果你是因為看好未來股價會持續上漲而不賣，但事後來看，你的「判斷」就錯了。若是這樣，以後還會不會再發生這種讓自己後悔的事呢？我相信一定還會不斷地發生。

怎麼避免判斷一再出錯呢？其實毫無辦法，所以我從來都不判斷，只重視「紀律」。

以我一直操作的 0050 為例，來跟大家做個說明。我賣出 0050 的紀律是在「大盤日 K>80」的時候，所以我在 138 元左右已經獲利了結了一次。後來日 K 來到 10~20 之間，我又逐步買進，買在 130 元以下，目前當然是套牢，但至少我沒有因為錯過高點沒賣而後悔。

另外一支我的核心持股 0056，因為是拿來領股息，本來就不會賣，也就不會後悔沒有早點賣。

你的進出紀律是什麼？如果根本沒有任何自己願意遵循的紀律，以後一定還是不斷會發生這種讓自己非常後悔的事。

另一個你沒有想賣股票的理由，可能是你相信「複利效果」。每一個投資專家都說，只要每年把獲利持續投入，就能產生驚人的複利效果。可以讓你迅速累積財富。

複利效果是假設每年都有正報酬。如果每年可以獲利 10%，只要期初投入 100 萬元，20 年後就會變成 672 萬，當然很吸引人啊！但是你確定每年能賺 10% 嗎？難道不會有一年是虧損的嗎？

為了發揮複利的最大威力，當然不該賣股票，但你能確定 20 年內都不會發生股災嗎？只要有一年碰到股災，之前的獲利可能都成為紙上富貴一場。

追求複利效果的投資人，現在面對股市一再的重挫，一定後悔不已。這時，我們該思考的是複利效果在現實世界的可行性。

我是一個不相信「長期」複利效果的人，這是我和其他投資專家最大的差異所在。**我認為「『花掉』才是真正擁有它」，因為投資的目的雖然是「賺錢」，但賺錢的目的不就是「花錢」嗎？所以我認為投資賺來的錢，不應該全數拿來繼續投入，而是應該拿出一些來花在讓自己開心，或對自己更有意義的事物上。**

複利效果算的是「投資報酬率」，但算不出「人生幸福度」。最近有次演講，有位聽眾說他的台積電買在 60 元，但後來漲到

200 多元，他就賣了。大家聽到都覺得好可惜，如果賣在 600 元以上，不是更好？即使現在賣在 500 多元，也是比他之前賺的多更多。

他說他一點都不後悔，因為當初他賣掉的獲利，正好可以買一輛他經營的幼兒園需要的娃娃車。他的幼兒園經營的很好，所以雖然「投資報酬率」事後來看並不高，但我認為他的「人生幸福度」可能是 100 分。

他當初如果沒賣，而台積電的股價卻開始一路走跌，他的幼兒園可能就無法像現在一樣經營得這麼好。我們不能因為看到這幾年台積電的股價表現，就說當初台積電絕不可能一路走低。

我曾將這個故事寫在我的粉絲專頁「樂活分享人生」中，沒想到居然有個網友留言說「台積電不會倒，但幼兒園可能會倒」。人生絕對不是只有「投資股票」這件事，經營事業成功或在職場工作表現優異，才能讓你得到自我的肯定與真正的成就感。

也有網友說，他曾經把股票賺來的錢拿去出國自助旅行，或許「投資報酬率」不高，但可以讓他的「人生幸福度」大大加分。

很多人利用事後回測的方式，證明用我的紀律「波段進出」的獲利輸給「長期持有」，但這只是在算「投資報酬率」。他們不知道我用這個方法又買了一間房子，來因應萬一我老年需要長照時，可以拿來變現的準備。這個「人生幸福度」的計算，是他們算不出來的。

如果你心中有賺錢後想要完成某件事的目標，你一定會獲利出場，也就不會因為沒有在高點賣出而後悔。

人生是座森林，股票只是其中一棵樹。股票的樹不大沒關係，只要其他樹長得茂密就好，一樣可以成為一座美麗的森林。

（本文原刊於2022年5月6日「方格子」訂閱網站「小資幸福講堂」專欄。）

1-9 台股何時才會止跌？

2022 年 6 月

最近很多人一定想問「台股何時才會止跌？」因為想要知道什麼時候可以進場？但這個答案永遠都沒有人知道，所以真正的問題應該是「如果不知道何時會止跌，那麼現在該怎麼做？」

止跌點常常都是要等到反彈之後才能確定此波段的最低點，所以早就錯過進場的「最好」時機，有的時候連「相對好」的時機也掌握不到。

以下將針對四種投資人，提出我的建議：

一、已經沒錢可以再買的人：

也就是說你滿手都是股票，這又要分兩類股票來說，一是個股，二是 0050、0056、006208、00878。

如果是同時符合每年都有配息，公司大到不會倒的個股，我認為就安心套牢。在等解套過程中，至少還有股息可以領。

如果不能同時符合上述兩個條件，就一定要停損。不過，現在停損或許不是好時機，我建議等到回到季線附近，或是更保守一點，回到月線附近，就該停損。如果離季線、月線很遠，那就必須在個股的日 K>70，甚至日 K>60 的時候，執行停損了。

如果你連季線、月線、日 K 都不懂，我必須說你真的沒有買個股的資格。不懂的話，請趕緊 Google。

如果是 0050、0056、006208、00878，我認為就不必停損，領股息等解套吧！它們解套的機會一定遠遠大於絕大多數的個股。除了這四支 ETF 之外，其他 ETF 也該比照上述個股的方法來停損。

二、還有錢可以買的人：

我建議這些錢都該買的是 0050、0056、006208、00878，而不該拿去逢低攤平你套牢的個股。套牢的個股該如何處理？也請比照前面所提的標準和方法。

0050、0056、006208、00878 每年都有配股息，而且是幾乎不可能會下市的股票。這時候我不建議去買其他的 ETF。

三、完全空手的人：

如果你是這種人，我一定要恭喜你，但也要警告你。

首先，千萬不要告訴自己「股票太可怕了，我還是存定存就好。」如果你永遠手上沒有股票，除非你真的非常有錢，否則通貨膨脹率一定會讓你越存越窮。買股票或許會賠錢，但存定存只會讓你一生貧窮。

其次，千萬不要預設立場，告訴自己跌到 10000 點才要進場。我認為這樣真的要等很多年，而且真的跌破 10000 點的時候，我相信你還是不會買。

這時候真的該開始慢慢進場。完全空手的人應該都相對保守，或說是很膽小的人，所以我建議買 0056 或 00878，因為股價便宜，心理壓力不會太大，而且股息殖利率目前應該都超過 6% 甚至 7% 了。0050 或 006208 股價相對高，如果我建議你現在進場買，恐怕你沒那個膽量。對非常保守的人，我都是寧願大家「先求有，再求好」。

四、正在執行定期定額的人：

首先，請你一定要繼續執行下去。現在股價跌，不就可以買到更多股數嗎？這是大好時機，怎能因股價下跌而恐懼不扣呢？定期定額是在執行長期投資，不該因為短期股價波動而放棄，這樣一定會功虧一簣，離財富自由的日子也會越來越遠。

甚至希望你有錢的話，就直接買整張，加速累積股數。

不過，我對定期定額的標的，永遠只建議 0050、0056、006208、00878。如果是個股，停損的標準和方法依然是一樣的。

（本文原刊於 2022 年 6 月 17 日「方格子」訂閱網站「小資幸福講堂」專欄。）

1-10 2022 年 6 月

套牢該如何轉念，才能樂活？

除非從來不買股票，不然最近誰不是在套牢的狀態呢？差別只是多寡、標的不同，但我認為真正其實是心態的問題。這次我要來幫助大家轉念，讓你不會再這麼焦慮了。

很多網友在我臉書粉絲專頁「樂活分享人生」上留言，說我不時發表的一些給人溫暖的文字，讓他們能夠安心面對帳上的虧損，也能更有力量去對抗焦慮的情緒。

不過，最近看到有個網友留言，說他把股票全部賣光了，然後對人生萬念俱灰，甚至表達了有輕生的念頭。我確實被嚇到了，然後寫了篇安慰他的文章，粉絲們用超過 6000 個讚，以及超過 200 則留言來鼓勵他，希望能對他有所幫助。

這也讓我起心動念，想要寫這篇文章來幫大家轉念，讓大家可以度過這個煎熬的時刻。

不過，這種轉念只適用在 0050、0056、006208、00878 這四支 ETF 上面，其他任何個股都不一定適用，因為只有這四支 ETF 可以用「大不了套牢」來面對。

以下是我對那位想輕生的網友的回應：

「如果是0050、0056，真的沒什麼好擔心的，縱然套牢，每年都還有遠遠打敗定存利率的股息，而且根本不會下市。

如果因此沒錢生活，賣一張就好，0050頂多一張賠2至3萬元，0056頂多賠8000元，應該還承受得起吧？或者賣零股也可以，千萬不必全部賣光。真的賣光了，或許可以考慮買回來一些。」

或許你該先想想自己為什麼要買0050、0056？

你買0050，只是為了賺錢嗎？當然是想賺錢，但如果只有這個目的，你其實是誤會了。**我之所以買0050，追求的是「風險完全分散」、「不用選股，就不會焦慮」以及「和大盤幾乎同步」。0050和大盤的下跌幅度幾乎一樣，你已經打敗了絕大多數投資人，有什麼好鬱卒的？**

個股絕對不能抱著「不賣就不賠」的鴕鳥心態，但連結指數的0050、006208，只要台灣不倒，它們就不會下市。耐心等待，它們解套的機會遠遠大於任何個股解套的機會。等待期間，還有股息可領啊！至少可以打敗定存，也約略和通貨膨脹率相當。

你買0056，是為了什麼？是想「賺價差」，還是「領股息」？如果是想「賺價差」，買0050的機會比較大，況且現在套牢，當然賺不到價差了。如果是想「領股息」，它每年都有啊！

有人會說這樣是「賺了股息，賠了價差，還是賠啊！」沒有錯，但有個網友的留言或許能幫你轉念。他說**買 0056 就把它當成買儲蓄險**。買儲蓄險，資金一套就是好多年，跟 0056 萬一套牢一樣啊！儲蓄險當然有壽險理賠的保障，但誰買儲蓄險想領理賠呢？

他還舉了一個長輩的例子：「有個長輩買儲蓄保單，第一年一次付清一百萬出頭，前七年完全沒利息，就是零利率，第八年每年約可領 16000 元。這樣想，大家心情有沒有好一點？」

只要台灣不倒，0056、00878 就不會下市。同時，它們從第一年就開始配息，而且遠大於 16000 元，也不用等到很多年後，不是嗎？

或者你可以把 0056、00878 直接看成「出租套房」。現在的租金投報率大約 3% 左右，遠遠輸給這兩支的股息殖利率。大家都預期房地產會漲，屆時股市難道不會漲嗎？買 0056、00878 還有一個優於房地產投資的優勢，那就是「變現快」。

除非你把所有的錢都拿去買了這四支 ETF，日常生活已經受到影響，這時才應該感到焦慮不安。如果你留有生活緊急預備金，或是還有穩定的工作收入，真的不要懷憂喪志，畢竟**隧道再長再黑，總會有盡頭，也總會有重見光明的一刻。**

（本文原刊於 2022 年 6 月 23 日「方格子」訂閱網站「小資幸福講堂」專欄。）

1-11 2022 年 7 月

現在該買黃金，還是股票？

有一個網友問我，最近股票跌這麼慘，黃金可以買嗎？這個問題很有趣，畢竟黃金和股票對小資族來說，都是資金門檻最低的投資工具，而且 2022 年以來黃金是漲的，而股票卻跌到「不要不要的」。我就用這篇文章來回答這個問題。

依台灣銀行黃金存摺牌價來算，2022 年黃金從 1 公克 1626 元漲到當年 7 月 1 日的 1726 元，漲幅是 6.2%。

股票呢？台股加權指數從 18218 點跌到當年 7 月 1 日的 14343 點，跌幅是 21.3%。若用今年最高點 18619 點來比較，跌幅更高達 23%。

依上述比較來看，當然該買黃金，不該買股票。但這是以過去資料來比較，未來還該買黃金嗎？

當時絕大多數投資專家都很悲觀，認為股票還會繼續跌，而底部在哪裡？也是眾說紛紜，但沒人說得準。對於黃金的後市，因為俄烏戰爭短期內恐怕很難結束，黃金看來沒有大幅回檔的空間。

對未來走勢的看法，大家對黃金相對沒有那麼悲觀，所以看來還是該買黃金，而不該買股票。

我先來比較一下這兩項投資工具最基本的差異：

第一、黃金價格跌到開採成本，一定不會繼續跌，但很多股票有可能下市而一文不值。黃金的保值性遠大於股票。

第二、黃金只能賺價差，它不可能會配息，但有些股票每年都可以配股息，而且當然也有賺價差的機會。當然也有些股票從來都沒有配過股息，所以不能說股票一定具有這種優於黃金的特性。

第三、若用黃金存摺來投資黃金，沒賣掉之前，就沒有任何價值。股票只要繼續持有，就擁有股東所有的權利，甚至可以透過股東會的表決，來維護自己的權益。

第四、若買進實體黃金，無論是金條或飾金，還有被偷被搶的風險。股票已經無實體，都在集保存摺裡，不必擔心以上的風險。

第五、黃金沒有想像空間，它幾乎很難有200%以上的漲幅，但很多股票因為投資人對它們的成長充滿高度期待，漲幅能超過10倍，甚至50倍、100倍都有可能。

基於以上的理由，巴菲特從不建議大家把黃金當成是一項投資工具，我也和他有相同的看法。我為什麼還是情願買 0050、0056 呢？

0050 剛宣布 2022 年 7 月即將配發的股息高達 1.8 元，比起以往 0.7 元的配息水準高出非常多。以 7 月 1 日收盤價 111.55 元來算，股息殖利率有 1.6%，若加上隔年 1 月一般會發更多的股息來預估，股息殖利率有機會來到 3.5~4%。這還沒把可能的漲幅算進去喔！

0056 在 7 月 1 日的收盤價為 26.81 元，已經快到 10 年線 26.31 元，可以預期此處的支撐將相當強勁。若以去年 1.8 元的配息水準來算，股息殖利率更高達 6.7%，真的非常好啊！這當然也還沒把可能的漲幅算進去喔！（編按：2022 年 0056 配息 2.1 元）

我認為現在還不是抄底電子股的好時機，或許它們跌得夠深，反彈當然可能更大，但底部在哪裡？真的沒人能準確預測。

最後用 7 月 1 日台銀黃金存摺牌價 1 公克 1726 元來換算，只要 16 公克就可以買一張 0056，65 公克就可以買一張 0050。是否划算？自己決定囉！

（本文原刊於 2022 年 7 月 2 日「方格子」訂閱網站「小資幸福講堂」專欄。）

1-12 此波反彈何時會結束？

2022 年 7 月

國安基金在 7 月 12 日晚上突然宣布要進場，隔天台股就此止跌，然後展開報復性反彈。大家一定很關心，反彈何時會結束？結束前該怎麼辦？

短短三個交易日，就從最低點 13928 點，漲到當週收盤 14550 點，漲了 622 點，換算漲幅為 4.5%，可說是「又急又快」。

台積電法說會也釋出好消息，讓它從最低點 433 元，當週收盤漲到 492.5 元，漲了 59.5 元，漲幅高達 13.7%。

美國最新公布的消費者物價指數（CPI）為破天荒的 9.1%，看來升息步調不會減緩，但美股也不再繼續重挫了。

種種跡象顯示，台股還會持續反彈，但會反彈到何時？屆時該賣嗎？

以下是寫給持有個股的朋友。你若手上是 0050、0056，屆時可以不賣，繼續領股息等解套，但今年以來一路下跌，讓你連抱著 0050、0056 都焦慮的話，停損一些也是可以的。

兩指標看反彈何時結束

此時有兩個指標，一是月線和季線，另一是弱勢反彈滿足點。

當時大盤月線在 14763 點，以目前的漲勢來看，要越過月線看來並非難事。台積電已經站上，0050 也在 7 月 15 日勉強站上，所以大盤看來也指日可待。

你的個股站上了嗎？請你查自己的個股技術分析圖的 MA20，就是月線。如果站上了，就表示強勢，要繼續挑戰更高的季線，值得期待。如果還沒站上，其實是正常的。如果當大盤越過月線，你的個股也越過，當然就有機會「接近」季線，或「越過」季線（MA60）。

大盤曾經在 5 月 31 日和隔天的 6 月 1 日，試圖站上季線，當時在 16853 點，但功虧一簣，然後就一路下跌。

2022 年迄今已經確定是空頭走勢，上檔套牢賣壓非常嚴重，所以要漲回 17000 點都很難，更遑論最高點 18619 點。季線看來就是大魔王關卡，當時的位置是 15795 點。因為 2022 年大盤走勢是一路下跌，所以季線位置會越來越低，大家不能期待會來到 15795 點，可能還沒到，就會碰到龐大解套賣壓。

此時大多數人都套牢嚴重，心裡一定強烈希望解套，所以屆時的解套賣壓必然龐大。既然如此，就比誰跑得快了。

如果大盤快接近季線，你的個股還離季線很遠，甚至連月線都沒站上，就代表你的個股非常弱勢，建議你要趁有機會賣在「相對高價」時趕緊全數停損，畢竟已經不是賣在最低點了。

不過也有例外。如果你的個股幾十年來都有穩定配息，又幾乎不可能倒閉，加上每年股息殖利率都接近 5% 或更高，就不一定要停損，因為你本來就是買來「存股」、「領股息」，所以就不該受股價波動來影響心情。

另一個反彈的重要考驗，就是用 2022 年最高點和最低點算出的「弱勢反彈滿足點」。最高點是 18619 點，最低點暫時可以確認是 13928 點，上下差距為 4691 點。弱勢反彈就是指 4691 點的 0.382 處，也就是至少會反彈 1791 點，所以應該會反彈到 15719 點，跟屆時的季線位置應該非常接近。

結論就是反彈應該會接近 15700 點，我建議屆時你的個股該「停利」或「停損」。

如果你的個股已經越過季線，大盤還沒越過 15700 點，代表你的個股很強勢，或許不必全部賣掉。

如果大盤已經越過 15700 點，但你的個股還沒站上季線，甚至連月線都沒站上，我的建議就改成「全部」賣掉。

最後，再聲明一次：我的 0050、0056 一定會等到回到成本之上，確定解套才可能「考慮」賣掉，因此以上是針對你持有的個股而提出的。

（本文原刊於 2022 年 7 月 16 日「方格子」訂閱網站「小資幸福講堂」專欄。）

1-13 2022 年 8 月

中共軍事威脅解除了嗎？

2022 年 8 月上旬台股的上下震盪，主要受到美國前眾議院議長裴洛西訪台可能造成兩岸衝突的不確定性所影響。她來，沒發生什麼事，她走，中共軍演也是雷聲大、雨點小，所以 8 月 5 日大漲 333 點，收 15036 點，和前週五收盤很接近，等於一週來不漲不跌，大家都只是虛驚一場。但我認為中共的軍事威脅將會越來越大，而我的紀律甚至會考慮做適度修正。

中共軍機幾年前開始每天逼近海峽中線時，總有人在我演講結束後問我「兩岸會不會開戰？」這一兩年來，中共軍機的挑釁行為成為日常後，大家也就習慣、麻痺了，也不再有人擔心這件事了。

直到裴洛西訪台，又讓大家感到恐懼。前一週台股最多曾下跌 455 點，特別是軍演當天盤中曾出現瞬間重挫。

後來國防部說，中共飛越台灣上空的飛彈是在大氣層外，請大家不用擔心，所以台股用大漲來釋放恐懼，居然才一天就收復了一整個星期的跌點。

我們一定感到超爽，但中共會爽嗎？

這一次中共的實彈演習包括台灣東部外海，遠比 1996 年台海飛彈危機時的範圍要大。當時演習範圍只在台灣西部的台灣海峽，就嚇得很多台灣人紛紛移民國外。

我認為中共的軍事威脅只會一次比一次嚴峻，永遠不可能解除。這種不確定性就是一枚枚的未爆彈，何時會爆？沒人知道，這就是股市最讓人害怕的「突發利空」。

很多人說這次中共軍演是「利空出盡」，所以讓台股大漲。利空能出盡，是因為你知道它是利空，也知道它何時會發生。然而，利空如果是「突發」的，誰都沒有辦法事先預防，怎麼辦呢？以下是我的超直白建議（但不包括移民）：

第一、千萬別因此不敢買股票，或是現在通通都賣光，就此遠離股市，把錢拿去銀行定存

如果真的發生戰爭，台灣受到重創，新台幣一定會大幅貶值，你一樣擺脫不掉資產嚴重縮水的命運。去買一些黃金或換一些美金，都比放銀行定存好。

但我只是說「一些」喔！如果不會發生這種最極端的風險，你不就錯過很多可以靠股票獲利的機會了嗎？

該在這種越來越不確定的政經情勢中買什麼股票呢？我的讀者一定都知道，該買「每年都有配息，大到不會倒」的股票，換句話說，就算中共接管台灣，也不可能會讓它倒閉的股票。若不知如何

選股的話，就買 0050、0056、或 006208、00878 吧！

第二、不要再奢望「長期持有」了！

要再來一次 2021 年大漲 23% 的機會，我覺得很難很難了。未來全球似乎沒有更大的利多可以重演 2021 年的股市榮景，台灣又加上地緣政治的不確定性，要期待一路走多，可能已成奢想。

如果你是 2016 年，甚至從 2008 年就「長期持有」到現在，你的成本實在太低，所以你有本錢繼續長期持有下去。如果你是 2021 年才進場，就別再奢望長期持有了。

0050，我還是會奉行在空頭市場時，日 K>70 就獲利了結。

如果未來常有「突發利空」，就有機會在短時間內回到股價低檔來重新買回。就算買不回來，這一部分賣掉的部位畢竟還是有賺錢的。賺來的錢，拿一部分來做你認為會開心或有意義的消費吧！

（本文原刊於 2022 年 8 月 6 日「方格子」訂閱網站「小資幸福講堂」專欄。）

1-14

2022 年 8 月

多空即將攤牌，要押哪一邊？

2022 年 8 月最後一週的大盤周線、月線、季線糾纏在一起，最高最低只差了 41 點，以技術分析派來解讀，就是多方和空方即將決一死戰。如果多方擺脫糾纏，未來可以期待將有一波漲幅，但如果是空方有效壓制，這三條糾纏的均線未來就將成為很難突破的套牢區。誰會獲勝呢？

大盤周線現在在 15177 點，也就是大盤技術分析圖上的 MA5，可以看做是 5 天（一個星期）以來的平均價。

大盤月線現在在 15136 點，也就是大盤技術分析圖上的 MA20，可以看做是 20 天（一個月）以來的平均價。

大盤季線現在在 15151 點，也就是大盤技術分析圖上的 MA60，可以看做是 60 天（一個季度）以來的平均價。

8 月 27 日收 15278 點，站在這三條均線之上，但不能說已經站穩了，因為距最高點 15177 點，不過多了 100 點。

這種技術線型就是代表多方和空方正在拔河，誰勝誰負很難斷定。如果有一天大漲超過 200 點，才能認定多方獲勝，從此將展開另一波反彈。相反來說，如果有一天大跌 200 點，指數被壓在這三條均線之下，就不排除回到 14000 點左右。

那麼，現在看來，誰贏的機會比較大呢？

常看我的文章的網友及讀者，一定猜得到我的答案是「我不知道」，就算我說誰的機會較大，也不能保證我說的一定對。

但一定要我選邊，我會選「空方」勝。因為看不到任何利多能夠對抗「仍將持續升息」的股市利空，也看不到台積電有任何想不到的利多再將它拱成「護國神山」。

既然我認為空方獲勝的機會較大，看來此時應該站在賣方才對。但哪些股票要賣？哪些股票又不必賣呢？哪些要全賣？哪些只要賣一部分？

買賣二大原則建議

我沒辦法把所有的股票都幫大家標記「該賣」還是「不該賣」，以下只能提供一些原則性的建議：

一、該「全數」出清的股票，是原先就想「賺價差」，但現在套牢很嚴重，而且離季線還很遠的股票，也就是8月27日收盤價還低於該股票MA60的股價（各位請自己查詢）。大盤都回到季線之上，如果持股還在季線之下，就是「弱勢股」，真的該全數停損出場，不要留戀了。

二、該「部分」出清的股票，就是雖然股價已經超過MA60，但仍然處於套牢中的股票。能夠站上季線，至少與大盤相同，已屬相對強勢，但如果未來真的是空方獲勝，至少也該停損一部分了。如果未來是多方獲勝，至少還有一些可以賣更高的價格。

0050、006208 就是上述這種股票，你若覺得套牢這麼久很焦慮，就「部分出清」，降低心理壓力。如果雖然套牢，但毫不焦慮，當然也可以不賣，就「繼續持有」下去。

如果你買來是要「存股領息」，而且每一年都至少有 5% 的股息殖利率，如 0056、00878 還有金控股，我建議就不用賣了。如果空方獲勝，股價跌下來，不是還可以再買嗎？如果多方獲勝，就可以繼續參與股價上漲的空間。

值此不知多空誰勝誰負之際，就算不賣上述的股票，我建議你也不該在此時加碼。

你若是用「定期定額」的方式在投資，本來就是著眼於「長期」的投資，當然就不必管「短期」的波動，請務必繼續執行下去，就別理以上的建議了！

（本文原刊於 2022 年 8 月 27 日「方格子」訂閱網站「小資幸福講堂」專欄。）

1-15 買股票就是為了賺錢嗎？

2022 年 9 月

如果有人問你：「買股票就是為了賺錢嗎？」你一定會回答他：「廢話！難道是為了要賠錢嗎？」在「賺錢」和「賠錢」之間，真的沒有其他的可能嗎？

最近我的粉絲專頁「樂活分享人生」中，有一些網友的對話非常有趣，也發人深省，或許你也和他們的想法一樣喔！

A 網友：「不要買，不就不會賠了嗎？」

這句話，乍看沒錯，因為把錢存在銀行，當然不會賠錢，但是你永遠不能賺到打敗通貨膨脹率的錢。你自以為錢沒有變「少」，但它會越來越「薄」，越來越買不到東西。接著，有一位 B 網友就回答他。

B 網友：「不買，一定賠。」

A 網友再回 B 網友：「明明知道會賠，為什麼要現在買？」

B 網友回他：「那可以告訴我什麼時候買才確定不會賠？」

投資用「講」的，很容易，真的要去「做」，就真的很難。我自己也很想問 A 網友，什麼時候買才不會賠？

癥結點就在一個「賠」字。沒有人想賠，大家都想賺。

銀行定存確定有「賺」，但真的太少了，註定「賠」掉實質購買力。

買股票，當然是希望賺錢，但你是希望「盤中立刻」賺，還是「明天」就賺，或至少「幾天後」就賺？

如果你想這麼快賺到錢，就是希望自己能買在最低點，但真的太難了。我認為，在「賺錢」和「賠錢」之間，還有一種狀況，那就是「等待」。

如果你現在是處於「賠錢」狀態（我相信現在絕大多數的人都是如此），但你「等待」的股票，未來是不是有「賺錢」的機會呢？

如果你等待的股票是幾十年都有穩定配息，而且大到不會倒，那就有等待的價值。

如果不符合這兩個條件，你很可能永遠等不到最後還能賺錢的結果。

如果符合以上兩個條件，但之前大家期望過高，所以股價曾經大漲過，等待到後來，也是很可能會落空。

如果符合以上兩個條件，但漲幅與大盤相當，並不曾超漲，現在跌幅也與大盤相當，也未超跌，我認為這種等待就是值得的。除非你認為台灣經濟會逐年衰退，否則台股最終還是會漲上去。如果台灣經濟未來真的逐年衰退，錢放在銀行就安全嗎？我認為更危險，因為利率一定越來越低，屆時只剩一條路，那就是趕快辦移民手續。

如果符合以上兩個條件，每年的股息殖利率都超過 5%，再加上股價只有 20~30 元，風險已經不高，我相信等待的結果一定是賺錢的。

不要只想賺，要想不能賠

電影《KANO》中的日本教練對嘉農棒球選手說：「不要只想贏，要想不能輸。」換成投資，就是「**不要只想賺，要想不能賠。**」

不要買了股票就想立刻賺錢，如果無法立刻賺，你就會很沮喪。這時候，你要想未來會不會賠？如果你相信未來一定能解套，就不會賠了，而且當然就可能賺錢了。

很多「個股」是等不到最後能賺錢，但「指數」能等到賺錢的機會相對大很多。

等待一年，只要賺 1.5% 就打敗定存，只要賺 3% 就能對抗通貨膨脹率，只要賺 5% 你就是贏家。

檢視一下自己手上的股票，如果相信一年後能有以上的報酬率，就值得等待。如果沒信心，真的趁未來反彈的時候認賠停損吧！

我認為 0050、006208、0056、00878 達成的機率很高，但絕大多數的個股是做不到的。

買股票當然是為了賺錢，但真的不要期待「立刻」就賺。真正的重點是——要找到值得等待的股票。

（本文原刊於 2022 年 9 月 30 日「方格子」訂閱網站「小資幸福講堂」專欄。）

1-16 2022 年 10 月

沒有錢，但想逢低攤平，怎麼辦？

台股 2022 年 10 月份一度跌破 13000 點，如果不是用定期定額方式投資的人，資金幾乎都已用罄，所以雖然看到 0050、0056 的價格非常吸引人，可惜早就無能為力再進場。有人就問我，可不可以把房子拿去抵押貸款，來籌措逢低攤平的資金？我直接 SAY「NO」，但真的沒有其他方法了嗎？

我先說「為什麼不贊成借錢買股票？」「用閒錢投資」可能已經是老掉牙的老生常談了。說得容易，但碰到貪婪的人性，有多少人真的能做到？

這些想借錢的網友振振有詞地說，他們只買 0050、0056 這種非常安全的股票，為什麼不可以？借款利率不到 3%，0056 的股息殖利率都超過 8% 了，不就穩賺不賠嗎？

貸款投資是負債

你不可能在 0056 當年除息日（10 月 19 日）之前把貸款申請出來，所以一定是除息後才能買。好消息是你可以用除息後價格買，肯定比除息前低；壞消息是你得等一年才能領到股息，但你每個月都要繳利息。

雖然我一直說 0056 放 20 年，幾乎篤定可以回本，但不保證當年就能填息。萬一你除息後買進，它不只沒填息，還一直跌呢？你被迫還本金時，市價還遠低於你的成本，你就要認賠賣出才能還錢，不是嗎？

你現在用自有資金買 0056，就算套牢，可以視為「儲蓄險」，仍然算是「資產」的一種，長期一定可以還本領息，但你借錢買 0056，就永遠要視為「貸款」，那就是「負債」的一種。

0056 才 20 幾元，股息殖利率超過 8%，都已經存在這種短期的風險了，更遑論 0050，股息殖利率只有 4~5%，借錢投資的風險相對更大。

不該拿房子抵押去借錢，那更不該去做小額信貸，因為小額信貸的利率更高，已無套利空間，而且金額更小，效果其實很有限。

還有什麼籌錢的管道嗎？有的！當然有風險，但屬一次性風險。就是把你其他的股票賣掉！希望這些錢還夠你買 0050、0056！你一定會說，這時候賣別的股票，絕大部分都會是賠錢的啊！請優先賣以下這些股票：

第一、今年該股票的跌幅遠大於台股指數的跌幅。或許他們虧損的幅度都超過50%，你真的不要寄望它們今年會解套了。

第二、不只虧損幅度大，而且並沒有每年都能穩定配息，甚至也不排除有下市可能的股票。

第三、你根本不了解該股票，只是聽別人推薦就買。這種最該直接賣掉，因為你根本無從判斷該何時出場？難道還要去問那個推薦給你的朋友嗎？

第四、不要以為所有的ETF都可以「大不了套牢」。很多主題式ETF在上市時被吹噓得多有前景，結果2022年那斯達克跌得超慘，連帶這些以電子股為主的主題式ETF股價也是如溜滑梯般地重挫。放棄這些主題式ETF吧！回來買跟大盤連動性較強的0056、0050吧！至少它們還沒有跌得比大盤重。

第五、也賣掉那些你根本不了解的國外股市的ETF。因為有些國家股市對大家都太陌生，還要小心成交量越來越小，會導致基金規模變小而被強迫下市喔！

把這些賣了，用 0056、0050 的可能獲利來彌補這些股票的虧損，一定強過你癡癡地等它們解套。

什麼股票就不用賣呢？至少要是「幾十年來每年都有配息，公司規模大到不會倒」的股票，如果現在股息殖利率超過 6% 以上，那就更不該賣了。

很多專家都說，在股市下跌走勢中，要「汰弱留強」，但什麼是「強」呢？或許它現在跌幅沒有指數多，但萬一繼續下跌，難道這些暫時的「強」股不會補跌嗎？我認為這時候就是讓大家痛定思痛，永遠不要再選股的最好時機。

為了籌錢買 0050、0056，來一次持股大掃除，也不失為「塞翁失馬，焉知非福」。雖然可能有些短期的陣痛，但長期來看，至少是比較能夠看到遠方曙光的良機。

（本文原刊於 2022 年 10 月 14 日「方格子」訂閱網站「小資幸福講堂」專欄。）

1-17 2022 年 11 月

現在什麼股票能留，什麼該賣？

2022 年 11 月 11 日台股受美股大漲激勵，也是驚天一漲，指數難得大漲超過 500 點，直接站上 14000 點整數關卡，還一舉站上季線。大家應該都很開心，但你的股票解套了嗎？應該很多都還沒有，那麼哪些能留下來，那些又該賣掉、停損認賠呢？

2022 年台股自 10 月 25 日見到低點 12629 點之後，就開始緩步上漲，然後該週反彈腳步不斷加快，在 11 月 11 日迎來價量齊揚的跳空紅 K 棒，看來反彈走勢已經確定了，但個股可不一定喔！或許此時就是俄烏戰爭爆發初期，很多國家建議要建立的「人道走廊」，讓平民百姓可以逃離戰場，所以有些弱勢的股票真的該趁此時作一番清理了。

汰弱留強兩條件：

如果符合以下兩個條件，就是可以留下來的股票，因為它們或許還有讓你解套的機會。如果不符合，則是弱勢股票，真的別對它未來會補漲，抱持太樂觀的期待。是哪兩個條件呢？

第一、股價已經站上季線

台股在 2022 年 11 月 11 日站上季線 13915 點，所以你的股票至少也該站上季線。如果離季線還很遠，當然就屬於弱勢股。

季線怎麼看？就是打開個股的技術分析圖，上面標明的 MA60 後面的數字就是季線的位置，以下舉例說明：

以當時的 0050 為例，它的 MA60 在 107.73 元，而它 11 月 11 日收 109 元，就代表它站上了季線。

以當時的 0056 為例，它的 MA60 在 26.4 元，而它 11 月 11 日收 25 元，看來並沒有站上季線，但因為它在這段期間配了 2.1 元的現金股息，所以要把 25 元加上 2.1 元，也就是 27.1 元，所以還是可以認定站上了季線。

當時的台積電的季線在 442.9 元，而它 11 月 11 日收 441.5 元，看來並沒有站上季線，但因為它在這段期間配了 2.75 元的現金股息，所以要把 441.5 元加上 2.75 元，也就是 444.25 元，所以還是算勉強站上了季線。

第二、股價從低點反彈的幅度超過 10%

台股本波低點在 10 月 25 日的盤中低點 12629 點，11 月 11 日收 14007 點，換算反彈漲幅為 11%。如果你的持股從低點反彈迄今，幅度連 10% 都不到，當然算弱勢股了。萬一不只沒反彈，還頻破新低，那就完全不值得留戀了。

以當時的 0050 為例，它從 96.5 元漲到 11 月 11 日的 109 元，漲了 13%，比大盤還多。

以當時的 0056 為例，它從 23.28 元漲到 11 月 11 日的 25 元，漲了 7.4%，確實落後大盤，但好在它至少站上了季線，所以尚能接受。

當時的 00878 漲了 7.5%，也落後大盤，但同樣也站上季線，所以也可以保留。

台積電呢？它從 370 元漲到 11 月 11 日的 441.5 元，漲了 19.3%，比大盤還多很多。

換句話說，只要符合其中一個條件，我認為就值得保留。

如果兩個都不符合，難道就一定要賣嗎？如果你相信你手上的這種股票還是值得長期持有，當然可以不賣啊！

以兆豐金為例

以當時的兆豐金為例，它 11 月 11 日收 30.85 元，離季線 32.37 元還非常遙遠，而且從低點 28.4 元反彈，也只漲了 8.6%，都不符合前兩個條件，但我相信它每年應該還能維持 4-5% 的股息殖利率，而且絕不可能倒閉下市，所以我認為還是值得留下來。

你對於手上不符合以上兩個條件的股票到底有多少信心？如果它無法維持 4-5% 的股息殖利率，而且有可能倒閉下市，那麼你對它的信心就很薄弱，要不要留下來？就請三思了。

（本文原刊於 2022 年 11 月 11 日「方格子」訂閱網站「小資幸福講堂」專欄。）

1-18 2022 年 12 月

你從2022年股災中得到了什麼教訓？

2022 年的股票交易已經結束了。大家都度過了一個幾乎是完整空頭市場的一年，我想這是很多人都沒有過的經驗。2022 年若想要不虧損，真的很困難，但如果你從中得到了教訓，也算是有所收穫。現在請問問自己，究竟你從股災中得到了什麼教訓呢？

2022 年一整年跌了 4081 點，換算跌幅是 22.4%，但若從最高點 18619 點算到最低點 12629 點，則最大跌幅是 32.2%。自 2008 年金融海嘯之後，台股在新冠肺炎初期，曾一度跌這麼「重」，但反彈也非常快，不像今年跌了這麼「久」。

近幾年如雨後春筍般冒出來的許多投資網紅，可能都是 2008 年之後才進場的，甚至可能是 2020 年之後才踏入股市，沒有人經歷過像今年這種空頭市場。我在 1990 年曾經歷過一年從 12682 點跌到 2485 點，一年跌掉超過 1 萬點，跌幅接近 80% 的超級震撼教育，面對今年的跌勢，覺得其實還好而已。

當年我順利逃過一劫，是因為把錢通通拿去買了房子，所以根本沒有套牢。今年我雖然又去買了房子，但多少還是有一些套牢的部位，好在都是 0050、0056，也就沒什麼好焦慮的。

以下的文章，就是我希望大家能從股災中所得到的教訓，然後藉此可以安心面對明年完全不確定的行情。

我在 2022 年股災中得到的教訓

如果你是買個股，以下我就用台積電來代表賺價差的「成長股」，和兆豐金來代表領股息的「存股」，提供各位一個省思的角度：

台積電一度被稱為「護國神山」，一月衝上歷史最高點 688 元之後，開始發生土石流，一度跌到 370 元，換算最大跌幅是 45%（已將股息加入計算，以下的計算都比照處理），比大盤跌幅還大。

台積電除了跌到 400 元以下，出現了一些利空的雜音之外，其實整年都是利多不斷，包括股神巴菲特也曾開始買進台積電，激勵它反彈了超過 100 元，但到了 500 元還是難逃回檔的命運。俗話說「股價會說話」，利多不斷的台積電卻連 500 元都站不上，這也就說明了**「成長股」都是靠「想像空間」。在多頭市場時，充滿無限的想像，但在空頭市場時，卻開始懷疑自己的想像。**

台積電全年收 448.5 元，若從最高點起算，跌了 33.2 %。

兆豐金呢？也是一月衝上歷史最高點 45.4 元，到今年收盤 30.35 元，跌了 28.4%，還比台積電小。它和台積電正好相反，幾乎整年都是利空，因為被金控旗下的兆豐產險的大幅虧損所拖累。

今年所有金控股都受到同樣利空的影響，因為大家預期明年配息會縮水，股價當然提前反應而下挫。不過，這不用想像，這是確定會發生的事，所以反而發生了股價止跌的效果。

「存股」沒有想像空間，不會暴漲暴跌，風險絕對比「成長股」要小，比較能對抗股災。你可能會反駁我，如果又回到多頭市場，成長股就會賺的比存股多。我完全同意，但明年是多頭、空頭，還是盤整，誰知道呢？我只能建議大家，依你的風險接受度，配置一些存股的比例吧！

0050 類似台積電這種成長股，但它多了「風險分散」的特性，所以它 2022 年從最高價 152.4 元跌到當年收盤 110.2 元，跌幅為 24.4%，不只小於台積電，也比兆豐金小。

0056 類似兆豐金這種存股，而它同樣也多了「風險分散」的特性，所以它 2022 年從最高價 34.35 元跌到當年收盤 25.4 元，跌幅為 19.9%，不只小於 0050、台積電，也比兆豐金小。

問我對 2023 年股市的展望為何？大家都知道我的答案一定是「我不知道」，因此我一定會用相對保守的態度來面對。

既然對行情不該過度樂觀，所以情願買 0050、0056（或 006208、00878），不要買個股。若買個股，先想領到固定股息，再去想賺價差。

我認為未來要再走一次新冠肺炎低點 8523 點，不到兩年就衝到 2022 年高點 18619 點的超級大多頭行情，幾乎是不可能的事了。

希望你不要因為前面幾年都在股市獲利豐厚而辭掉工作。若少了固定的薪水收入，面對股災肯定會更焦慮。當然，也絕對不該借錢買股，至少在股災發生時，無須為了還貸款而投機躁進。

還有，也不要因為前幾年投資很順利，而將獲利持續滾進操作本金。我建議應該把獲利一部分拿來買房，因為「房子是確定的，股票是想像的」，只有房子才能保住你好不容易賺來的資產。

多頭市場時，不要以為自己是股神；空頭市場時，也不要以為是世界末日。

（本文原刊於 2022 年 12 月 31 日「方格子」訂閱網站「小資幸福講堂」專欄。）

第2篇

0050和0056
在2022年的實戰筆記

0050：大盤日K<20，買；大盤日K>80，賣。
如果確認是空頭市場，則改成「大盤日K<10，買；大盤日K>70，賣。」

0056：隨時都可買，買了忘記它
或者用定期定額的方式來買0050 或0056。

很多讀者或網友應該都知道，我只買 0050 和 0056，甚至我的 14 本理財書都只寫這兩支。即使現在市面上有 300 多支 ETF，我也沒有心動去買別的，因為這兩支已經帶給我滿意的獲利和穩定的心情，我又何必換來換去呢？

台股 ETF 每年的績效排行榜中，0050 和 0056 都不在前 5 名，甚至連前 10 名都沒有，它們多半只是班上中間的名次。有位財經雜誌的總編輯無法理解我為什麼不追求提升報酬率。我回答他，我從來不是因為我「看好」它們的投資報酬率而買它們，我只是認為它們最「適合」我。

不只其他的 ETF 常常能夠贏過 0050 和 0056，每一年你一定可以找到一些個股的投資報酬率遠遠勝過它們，甚至勝過所有的 ETF。為了追求提升報酬率，難道你要透過選股來達成嗎？絕大多數的人做不到，我也認為自己沒那個能力，所以我就認命了，只買和大盤高度連動的 0050 和有高股息殖利率的 0056。

因為我沒買過其他的 ETF，所以當然不能寫在文章裡。確實有投信公司邀請我做新發行的 ETF 的代言人，但我回答他們：「這支 ETF 都還沒上市，我當然就不可能買過，那要我怎麼去推薦給投資人呢？」

我從來沒有說過，只能買 0050 或 0056，所以我寫它們，並不是基於「推薦」的立場，而單純只是在「分享」個人的投資經驗。這個態度未來也絕對不會改變！

媒體也很愛問我「現在大盤已經來到這裡，你的策略會不會改變？」我都很尷尬地回答他們：「不會耶！」即使面對 2022 年的空頭市場，我也是採用完全相同的策略：

0050：大盤日 K<20，買；大盤日 K>80，賣。如果確認是空頭市場，則改成「大盤日 K<10，買；大盤日 K>70，賣。」

0056：隨時都可買，買了忘記它

或者用定期定額的方式來買 0050 或 0056。

事後來看，2022 年堅持採用這個紀律，結果就是「套好套滿」。但是，0050 和 0056 每年都有配發穩定的股息，又絕對不可能下市，除非你完全不買股票，否則還有什麼股票能像它們一樣讓你安心套牢？

基於以下三個理由，你就知道我為什麼只買 0050、0056 了：

第一、複製大盤

0050 這種原型的 ETF，就是希望達到漲跌和大盤幾乎同步的目標。每一個基金經理人都想透過選股來勝過大盤的漲幅，但根據一本非常暢銷的投資經典《投資終極戰》（*Winning the Loser's Game*）作者查爾斯．艾利斯（Charles Ellis）在書中提到，一年之內，60% 的基金投資績效是輸給大盤的，10 年之內，70% 的基金投資績效是輸給大盤的，20 年之內，80% 的基金投資績效是輸給大盤的。換句話說，實務上要打敗大盤是非常困難的。

絕大多數投資人也抱著同樣的期望，但如果連這麼專業的基金經理人都做不到，你為什麼會相信自己做得到？

很多投資人認為自己之所以「現在」做不到，是因為還不夠努力，只要認真學習，「總有一天」會做得到。不過，我想澆你冷水，因為很多比你更認真的人都做不到，你為什麼認為自己做得到？更多人其實根本不想努力，以為靠到處打聽明牌就能打敗大盤，但這絕對是癡人說夢！

我在 2008 年金融海嘯之後就大徹大悟，決定只要跟大盤表現一樣就好了。大盤漲 1%，我可不要還賠錢，大盤跌 2%，我也不要跌得比它還多，這樣就心滿意足了。

當你跟大盤一樣，你就再也不焦慮了。

0056 雖然和大盤的連動性不如 0050，但至少大盤漲時，它也不至於會跌，而大盤跌時，它也不容易跌更多。

2022 年大盤跌 22.4%，0050 只跌 20.8%，0056 更是只跌了 18.1%。這兩支的跌幅有把配息計算在內。這就是最好的證明，這也能讓你決定「認命」了吧？

第二、風險分散

你相信 0050 的 50 檔成分股和 0056 的 50 檔成分股，會有機會同一天都倒閉而下市嗎？

同一天「倒閉」當然不可能，連同一天一起「出事」都不可能！但任何個股都有可能倒閉。就算很多公司大到不會倒，但難道它不會出現突發的利空嗎？

0050、0056 不只可以做到「個別公司經營」風險的完全分散，而且更因為它們的成分股涵蓋了各種產業，所以更可以做到「個別產業」風險的完全分散。

每一支 ETF 都具備所有成分股不可能同一天倒閉或出事的優點，但它還有一個下市的標準要提醒大家注意，那就是當某一支 ETF 資產規模小於 1 億元時，會被強制下市。0050、0056 是國內最大的兩支 ETF，前者超過 3000 億元，後者也超過 2000 億元，我真的很難想像它們哪一天會跌破 1 億元。

ETF 下市還有淨值可以分配，不像個股下市就完全歸零，這也是 ETF 風險較任何個股為低的另一個優點。

你投資的一般股票型基金，當然也有風險分散的優點，但它們完全倚賴基金經理人的「主動」選股與擇時進出的能力，這難道不是另一種風險嗎？所有的 ETF 是先確定了選股標準，基金經理人完全「被動」，必須完全遵守，就沒有他們「操盤能力」的風險，更不可能有他們「操守不佳」的風險。

當你知道你的投資組合做到完全的風險分散，你就會變得比較安心。

第三、不再選股

台股有近 2000 支個股，一般人怎麼可能有能力去對每一家公司做深入的研究？就算你有能力，也不可能有足夠的時間。再說，就算你深入研究了其中幾支、幾十支，就一定保證你能賺到錢嗎？

因為你沒能力、沒時間，也沒把握，當然就整天處於焦慮中。

我每次去上市或上櫃公司演講，一定會問全場的員工：「你們知道公司的內線嗎？」得到的回應都是「全場一起搖頭」。

這時，我就會問大家：「你們連自己公司的內線都不知道，為什麼就相信自己知道別家公司的內線，這不是很矛盾嗎？」

當你決定買某一支股票時，你真的對它很了解嗎？不要再自己騙自己，或自己安慰自己了。

就算沒有人會否認台積電是好公司，但你是因為做過研究而「知道」它好，還是都是從媒體上「聽說」它是好公司？

2003 年，元大投信推出了台灣第一支 ETF，也就是 0050 之後，投資人終於有了一個「不用再選股」的選項，從此讓投資人可以不再深陷選股的惶恐中。

有一次演講，從一位聽眾跟我的應答中，我發現他是有多年投資股票經驗的資深股民，但他也承認他賠了很多錢。最令我訝異的是這位投資老手居然沒聽過 0050、0056 ！我勸他：「你以前買個股，賠了那麼多錢，你願意拿一點點錢來買 0050 或 0056 嗎？或許過一段時間，你就知道『不再選股』不只比較容易賺到錢，而且讓你的投資變得很輕鬆。」

不再選股之後，你就不用再為投資操煩了。

獵人與農夫

後來在國外旅行時，和一個旅伴聊投資，才知道他像一個「獵人」，而我就像是一個「農夫」。

他以往曾在電子公司擔任高階主管，後來又有很多年的創投經驗，對電子產業的未來發展有非常深入的研究，所以他說自己是「獵大象」，每次只單押一支股票，每次都有 3 倍利潤才出場，就好像獵到一頭大象，可以吃很久很久。

不過，他認為大多數的投資人都只想每天獵一隻小老鼠來吃。老鼠總比大象好獵，只要每天有一隻就不怕餓肚子了。

你真的以為老鼠很好抓嗎？這就是散戶投資人最大的迷思。因為大家對自己的選股其實毫無信心，所以有賺了一點點，就趕緊獲利了結，但萬一套牢了，又捨不得賣，結果越賠越多，永遠都是「賺少賠多」，最後怎麼可能賺到錢？

當然偶爾會幸運抓到一隻老鼠，但抓不到、處於挨餓狀態的時候更多。

我呢？自認為沒有獵捕動物的能力，就專心做個農夫就好，也就是等農作物收成、領股息就好。有時候養養雞，宰來打牙祭，賺一點價差。

雖然農耕也有可能碰上天災，導致收成欠佳，例如 2022 年碰到股市一路走空，但只要土壤肥沃就好，總能回到豐衣足食的好時光，也就是 0050、0056 縱然套牢，但仍有股息可領，又不可能下市，當然就不會讓資產歸零。

獵大象要懂「基本分析」，獵老鼠要懂「技術分析」，反觀農夫真的什麼都不用懂。

我不會羨慕這位旅伴，他也對我的投資沒興趣，所以投資沒有對錯，只有是否適合自己而已。不過，如果你一直賠錢，你還會相信「買個股」是最適合自己的方法嗎？

所幸現在買 ETF 已經成為投資顯學。很多人都從「選股不選市」改成了「選市不選股」，但常常還是有很多的疑惑。這幾年，我遇過讀者、網友、聽眾，甚至是在路上被人認出時，大家最常問我的問題，以下整理幾點一併回答大家。

TOP 1：「現在，還能買嗎？」

不管指數來到高點，或是低點，都有人一直不敢進場。當指數來到 18000 點時，大家認為可能再漲有限，當然會這麼問，因為大家都想在低點才進場。當指數來到 13000 點時，大家擔心還會跌，所以也會這麼問，因為還不敢在此時進場。

來到 18000 點真的就是高點嗎？後來還有繼續漲到 18619 點喔！來

到 13000 點就會是低點嗎？後來還有繼續跌到 12629 點喔！這是沒有人會事先知道的答案。既然沒有人知道，你該問的是「現在，該怎麼進場？」

我絕對不會這麼回答：「等指數回測多少多少點時再進場。」因為或許就一路漲上去，根本連回檔的機會都沒有。

我的答案通常有兩種，一是「你若擔心，就先買 0056 吧！至少股價較低，股息殖利率較高。」如果你還是不放心在此時進場，我就會給第二個答案：「那就用定期定額的方式吧！」

這時，有人會問：「用定期定額好，還是買零股好，或是存到夠買一張的錢再買，哪一種比較好？」

既然你會問「『現在』，還能買嗎？」就表示你對「進場時機」非常焦慮。用定期定額的方式，就是不要再糾結在「什麼是最好的進場時機？」這件事情上了。

很多人認為定期定額要選每個月固定一天來扣款，完全是聽命於「命運」，所以認為自己判斷時機來買零股，比較有機會對，但你真的會判斷嗎？然後判斷常常對嗎？如果不會判斷，又沒把握猜對，那何不接受命運呢？

或許這個月的扣款日是扣在高價，但你若長期做下去，5 年、10 年、20 年，甚至一直做下去，有可能每個月都這麼倒楣扣在高價嗎？

等存到夠買一張的錢再買，你還是會擔心買到高價，萬一股價繼續漲上去，你的存款又不夠買一張了，怎麼辦？

還有人繼續問：「有沒有什麼能讓定期定額增加獲利的方法？」這個問題就很好。我的建議是當股價跌幅達到多少時，就增加扣款的金額。具體的建議可以參考我在 2023 年 3 月 31 日「小資幸福網站」的文章〈定期定額如何增加 0056 的獲利？〉（見本書第 152 頁至第 156 頁）

TOP 2：「要參加除息嗎？」

我從來不會把「除息」當作買進 0050、0056 的考慮因素。

因為我買 0056 的紀律不就是「隨時都可買，買了忘記它」嗎？既然「隨時」，而且要「忘記」，當然就一定會參加除息啊！

我買 0050 的紀律是「大盤日 K<20，買；大盤日 K>80，賣」如果除息前，大盤日 K<20，我就會買，就會參加除息，但如果當時大盤日 K>80，我也不排除會賣掉一些，就不會全數都參加除息了。

大家之所以會問「要參加除息嗎？」就是因為一直到快要除息了，結果都在擔心「現在，還能進場嗎？」所以始終沒進場。

另一個重要的原因是很多專家不看好 0056 在 2022 年能填息。結果它居然在當年就填息了，而且只花了 32 個交易日，跌破了一大堆專家眼鏡。

此外，0050 在 2022 年 1 月迄今還沒填息，也可能是造成投資人不想參加 0050 除息的原因。這確實是它自 2003 年掛牌以來的第一次。0050 無法填息，比 0056 嚴重些，因為它的股息殖利率沒有 0056 高，所以要完全回本的時間理論上會比 0056 長。

我買 0050，是為了「賺價差」，不是為了「領股息」，所以不一定會參加除息。有機會領股息就領，或套牢時也會領。我買 0056 就是為了「領股息」，所以一定會參加除息。

如果你決定不參加除息，想等除息後股價更低再買。但很多人卻仍一直在等更低價，結果還是沒買，所以到了隔年，還是繼續問「要參加除息嗎？」當然也還會問「現在還能買嗎？」

也有些人問過我，可不可以除息後再買？只要填息，就能賺到這個價格區間的錢。看來很聰明，但 0050 在 2023 年除息 2.6 元，過了春節連假後的第一個交易日，一開盤直接填息，根本沒有給你買進的機會。

還有人更聰明，除息後仍繼續等更低價，結果卻眼睜睜地看它填息了。2022 年，0056 除息參考價 23.84 元，但很多人都聽很多投資達人的建議，要等 22 元、甚至 20 元以下才要買，結果可能現在還是空手。

我認為只有一種人該考慮要不要參加除息，那就是所得稅率高的人。因為股息要併綜合所得稅課稅，或是採分離課稅，所以扣掉高額稅金後，或許你的股息殖利率就沒那麼吸引人了。

如果為了要避稅，你可以在除息前賣掉，然後在除息後買回來，這樣就沒有股利所得，也就不用繳稅了。不過，要提醒你兩點：

第一、除息後要盡快買回來，不要為了等更低的價格，結果最後卻買不回來。

第二、發行 0056 的元大投信在 2023 年 5 月底宣布，0056 將改季配息，以後 1、4、7、10 月都將除息。每季配息金額將比以往每年一次配息金額少，所以更容易填息，讓你在除息前賣、除息後買的價差變小，還不如每次都參加除息，就認命繳稅吧！

TOP 3：「0056 買在 36 元，該怎麼辦？」

我認為這個問題是數學問題，因為在真實人生裡，應該不會有人買 0056 的成本真的就是 36 元。

當然有人在 2021 年曾用 36 元買過 0056，但我不相信有人會把所有的錢都 all-in 在 36 元。如果你的錢只夠買 1 張 0056，那當然就有可能發生這種事情，但我建議，如果你的錢真的不多，定期定額應該是你最合適的投資方法。假設你每個月扣 3000 元，一年後可以買到一張以上，這樣你的平均成本就絕對不會是 36 元了。

就算你真的買在最高價 36.17 元，到了 2023 年 6 月底收盤 32.67 元，你也已經不賠錢了。因為你在 2021 年領了 1.8 元股息，2022 年領了 2.1 元股息，合計 3.9 元股息。

雖然你帳面上還虧 3.5 元，但加上股息，你還賺 0.4 元。

1.8 ＋ 2.1 = 3.9

32.67 － 36.17 = -3.5

-3.5 ＋ 3.9 ＋ 0.4

我在回答 TOP 1 那一題時，也提到可以增加定期定額獲利的方法，你也可以拿來做為參考。

經過 2022 年的教訓，如果你的資金不多真的不該 all-in，萬一遇到股市持續走跌，你心中就會常常問自己「怎麼辦？」這時，你該用的是定期定額的方式，心理壓力一定相對小很多。

TOP 4：「0050 買在 140 元以上，該怎麼辦？」

這個問題真的比上個問題要嚴重，帶給投資人的壓力也肯定更大。

雖然我一再說套牢在 0050、0056，真的無須太焦慮。0056 股價低，或許還不會，但 0050 的股價早就是三位數，一定會有人開始睡不著覺。

「安心」與否，每個人感受不同。我雖然抱得很安心，但你不是我，你的心情可能已經無法平靜了。我不會像台積電的死忠支持者，或約翰．伯格基本教義派一直鼓勵大家「未來的你，會感激現在繼續堅持的你。」我認為一旦心理真的已經撐不住時，就不要勉強自己，賣一些吧！至少讓你心情好過一點。

不過，不要全部賣掉，因為或許你會賣在最低點。你是為了讓自己比較「不焦慮」，而不是為了「停損」，所以賣一部份就好。

你只買 1 張就套牢的話，可以賣 100 股或 200 股。如果你買了 5 張，就賣 1 張或 2 張吧！

如果你賣了之後股價更低，你會慶幸自己賣了一些，已經少賠了一點。如果後來股價漲了上去，你也會慶幸自己還有股票，這些或許能解套，甚至還賺錢。

如果賣完股價續跌，也可以適時買回來。假設你有 5 張 0050，每股成本為 140 元。後來你用 130 元賣掉一張，後來又跌到 120 元，你可以考慮買回來。這種做法就是「賣高買低」，可以看作每股賺了 10 元，讓平均成本可以降為 138 元。

原來成本：140 × 5000 ＝ 700000
賣掉 1 張，再買回 1 張：（130 － 120）× 1000 ＝ 10000
700000 － 10000 ＝ 690000
690000 ÷ 5000 ＝ 138

不過要提醒你，這是你自己的計算，但券商 APP 不會這麼認列。

一旦台股開始反彈，就會有人問「該不該獲利了結一些？」套牢這麼久，人性都想要解套，甚至都開始賺錢了，不賣一些真的違反人性。

大家一定都聽過一句老生常談：「在股市要違反人性，才賺得到錢。」但違反人性太難，所以我一向主張，一定要找到一個既符合人性又能賺錢的方法。

大家都套牢這麼久，然後也一路逢低向下承接，如果市價已經超過平均成本了，就賣一些吧！讓自己喘口氣，才能在股市氣長一點。

不過，大家會擔心的是，現在賣，是用平均成本算獲利，還是先賣高價的部分？如果是後者，帳上還是虧損喔！怎麼辦？

針對這個問題，我發表在 2022 年 8 月 19 日「小資幸福網站」的文章〈0050 該獲利了結一些嗎？〉有很詳盡的建議（見本書第 134 頁至第 137 頁）。當時如果真的照我的方法賣一些，就會慶幸後來跌到 12629 點時，因為你的持股已經減少了，所以就不會套牢那麼慘重了。

「生活」永遠比「投資」重要。當你的生活已經面臨沉重的心理壓力時，就犧牲一些投資吧！我的 0050、0056 就算套牢嚴重，我也毫不擔心，但你不一定要跟我看齊。你如果做不到就做不到，千萬別勉強自己，適當處分一些，換得心理平靜，你也不算真的賠了。

或許經歷過 2022 年股市的震盪起伏，你已經慢慢能夠找到安心面對套牢的調適方法。以後再碰到類似持續下跌的走勢，你就能跟我一樣不再焦慮，也不會再一直問「怎麼辦？」或「要不要賣一些？」了。

TOP 5：「該長期持有還是該波段操作？」

我買 0050，是為了「波段操作」，買 0056，是為了「長期持有」。不過，很多投資達人的建議正好相反。但其實我認為，你想長期持有就長期持有，你想波段操作就波段操作，只是不該三心二意、心猿意馬，否則最後可能會落入「抓龜走鱉」的困境。

我先說為什麼要這麼做？因為 0050 股價比較高，波動也比較大，適合「賺價差」。股價高對心理上的壓力比較大，適時獲利了結落袋為安，相對安心。如果不賣，或許本來大賺卻變成少賺，甚至變成套牢，心裡總會有點鬱卒。波動大價差空間也比較大，但我不會預設停利點，只會遵循以下的紀律來進出：

大盤日 K<20，買；大盤日 K>80，賣。

如果確認是空頭市場，則改成「大盤日 K<10，買；大盤日 K>70，賣。」

如果 0050 套牢了，我也就長期持有、領股息。畢竟它解套的機會，一定比絕大多數的個股要來得大。

0056 正好和 0050 相反，他的股價比較低，波動也比較小。股價低對心理上的壓力比較小，當然就比較不怕套牢。波動小，價差空間也比較小，每次能賺到的錢也不多，沒有必要花精神關心股價漲跌。

其他投資達人為什麼建議 0050 該長期持有，而 0056 該波段操作呢？他們會拿出歷史數據來證明，不論從 2003 年 0050 上市起算，或 2007 年 0056 上市起算，0050 的長期報酬率確實遠勝 0056。既然如此，0050 就該長期持有，而不該波段操作。

但他們的起算點當時 0050 的股價，都遠遠低於現在的價格。0050 好不容易在 2022 年 10 月以後看到 100 元以下，所以若要此時才買進的投資人也能擁有從 2003 至 2021 年的累積報酬率，而長期持有它，我相信絕大多數的人都會認為，這是不可能的事。

他們認為既然 0056 長期報酬率不如 0050，當然就該積極進出，賺到每一個波段的獲利，才有可能追上 0050 的長期報酬率。不過，0056

的股性非常牛皮，不太容易掌握買賣點。

很多人也曾問我，0056 真的要「買了忘記它」嗎？難道永遠不賣嗎？我都會回答他們：「你想買房子的話，就通通賣了吧！」當然也不是一定要等到需要這麼一大筆錢的時候才賣，只要你想花在一些讓你覺得開心，或有意義的事情上，就把 0056 賣一些吧！

如果你是用定期定額的方式在買 0050 或 0056 時，我的建議很直接：「請你一定要長期持有，等到要花錢的時候再賣。」

要長期持有 0050 或 0056 也可以，要波段操作也可以，真的不必糾結在這件事情上。

TOP 6：「年輕人該買 0050 還是 0056？」

這個問題和上個問題其實有連貫性。年輕人本來就該長期持有，因為年輕，所以可以用較充裕的時間累積財富。我是長期持有 0056，所以我認為年輕人該買的是 0056，但其他投資達人主張該長期持有 0050，當然就建議該買的是 0050。

0050 自 2020 年 7 月之後，就幾乎沒有看到 100 元以下。如果從 2008 年金融海嘯時不到 30 元來算，它到 2022 年 1 月漲到 150 元以上，13 年漲了 400%（還沒有把股息算進去喔！）要年輕人現在進場，然後期待 13 年後也賺 400%，屆時台股會看到 60000 點以上，我想現在絕對沒人有信心吧？

另外，我一直認為「工作」永遠比「投資」重要。0050 的股價波動大、股價又高，只要股市出現狂風暴雨，一定會影響到工作的心情。如果因此無心上班，造成績效不佳，那更划不來了。

基於以上這兩個原因，我認為年輕人該優先考慮 0056。萬一真的舉棋不定時，就都買吧！兩者的比例分配，保守的人可以多配置一些 0056，而比較積極的人就多配置一些 0050 吧！

另一個問題是，已經離開職場的退休族該買什麼呢？因為已經沒有固定的薪資收入，所以我建議應優先考慮每年有穩定、而且股息殖利率較高的現金流的 0056。

或許有讀者會覺得奇怪，為什麼我只講 0050、0056，而不講類似的 006208 和 00878 呢？關於這個更多人問的問題，我留待下一篇再來做說明。在這裡直接劇透我的理由和結論。

理由是「我只買過 0050 和 0056。」

結論是「這 4 支都很好，都可以買。」

2-1 你要獵大象還是抓老鼠，或是……

我前陣子去日本玩了一趟，和同行友人有一段與投資有關的對話，極具啟發性。他說他是獵大象的人，獵到一頭可以吃很久。他說大部分的投資人都在抓老鼠，因為肉不多，所以要每天抓。我說我只是農夫，等待收成就好。你是那一種人呢？

獵大象

獵大象，就是比喻這種投資人是做「長線」的操作，也就是「三年不開張，開張吃三年」。我想這是非常多投資人嚮往的目標，但其實很難做到。這位旅伴退休前曾任職電子業高層，對科技的發展非常有研究，這是他在選股上比一般人有優勢的地方。

他又很有耐心，看到有好公司意外落難，導致股價重挫的時候才進場。每一次都至少有 3 倍的獲利才出場。

他每次都只重押一支，不做任何投資組合，也不做任何風險分散，這才能賺到大利潤。

有人認為自己有選股的能力，但又沒有信心，所以抱不久，賺不多。有人沒有選股的能力，每天都在問親朋好友有什麼明牌，或是聽到投資專家介紹的個股，就興沖沖進場，更不可能抱得久。

因為對自己的選股沒信心，所以就買很多支股票，美其名風險分散，實則盈虧互抵，常常都是白忙一場，甚至結算下來，都是虧損大於獲利。

大家不要再羨慕這種能夠獵大象的人，因為這種人絕對是鳳毛麟角，也不要以為努力學習就能做到。

抓老鼠

我非常同意他說絕大多數的投資人都是抓老鼠的人。畢竟老鼠不大，比獵大象容易多了，所以很多人認為只要每天都能賺一點，就能累積財富。

大家真的不要小看老鼠，因為牠們也絕對不是那麼好抓。說不定好幾天才能抓到一隻，怎麼可能讓自己填飽肚子？「投資」不比「抓老鼠」，後者頂多抓不到，前者還可能讓你蒙受損失。

甚至還有很多以「無本就能當沖賺錢」做號召的投資達人，讓大家誤以為真有一種方法可以精準掌握當天的高低點，然後就能積少成多。我認為這種想法最不可取，因為天下哪有白吃的午餐？

也有人想說用融資的方式可以賺更多，但你能保證你永遠賺錢的次數多於賠錢的次數嗎？小心賠一次，可能就賠掉你賺十次的錢，因為你每次都只賺一點點就出場，但賠錢時卻不願停損，結果越賠越多。

以上這幾種做短線的散戶，下場幾乎都是註定賠錢。真的不要高估自己的能力！

當農夫

這位旅伴當然知道我只買 0050、0056 這種 ETF，他說我只是農夫，除非碰到颱風，不然每年都有穩定的收成可以養家活口。當然偶而會有天災，但只要找到肥沃的土壤，種植適合的作物，就不愁沒食物吃。就如同投資一樣，縱然會碰到股災，但只要不會下市，又每年都有股息可領，長期來看肯定穩賺不賠。

或者你也可以買「幾十年都有穩定配息，而且公司大到不會倒閉而下市」的個股，同樣也是一種類似農夫的心態。

你認為獵大象、抓老鼠、當農夫，哪一件事情比較簡單，而且確定能吃飽呢？或許當農夫最沒有成就感，但你買股票，是為了「刺激」，還是為了「賺錢」？

獵大象的人必須有「基本分析」的能力，抓老鼠的人必須有「技術分析」的能力，當農夫呢？這兩種能力真的都不用！

（本文原刊於 2023 年 3 月 28 日「方格子」訂閱網站「小資幸福講堂」專欄。）

2-2 我為什麼只買 0050、0056？

有人肯定我永遠只買、甚至只講 0050、0056，認為是「始終如一」，但也有人批評我，認為是「了無新意」。我絕不會建議大家 0050、0056 是唯二可以投資的標的，我只想建議大家專心買一兩支最適合自己，又讓自己能賺到錢的股票就夠了。

先來講我為什麼從 2008 年之後就開始只買 0050。當年全球股市受雷曼兄弟投資銀行破產的影響，掀起「金融海嘯」，政府甚至發放「消費券」來挽救幾近絕望的消費市場，而台股也一直跌到 3955 點才止跌。當時我已離開職場，只能靠買賣股票養活家人。面對每天下跌的股價，我經常睡不著覺。

我當時心想，至少要先讓自己睡得著覺吧？如果和大盤跌幅一樣，代表我沒有輸給平均數，應該就可以睡得著了。什麼股票做得到？看來就是和大盤幾乎完全連動的 0050 了！

我之前有買過 0050，但嫌它走勢溫吞，非常無聊，而且我也相信自己應該有能力可以打敗大盤。碰到金融海嘯，能不輸給大盤，已經很不簡單了，所以痛定思痛，也決定認命自己沒有打敗大盤的能力，所以就完全出清手上的所有個股，直接買進 0050，然後就此改變我後來的人生。

我認為自己是一個保守的人，而且當時我已經沒有固定收入，更不能承受太多的風險，所以覺得 0050 是最適合我的股票。理由有三：風險完全分散、複製大盤、再也不會因選股而焦慮。

2012 年底，我出了第一本書《只買一支股，勝過 18%》，就是想把這套簡單（卻還是很無聊）的投資理念分享給讀者。

到了 2017 年，因為台股站上了萬點，對我們這些曾經歷過 1990 年從 12682 點一年暴跌萬點的人來說，還是害怕只是曇花一現，所以我才開始買 0056，心想就算股市下跌，至少還有比定存利息高很多的股息可領。

後來 ETF 成了投資顯學之後，各家投信紛紛推出五花八門的 ETF，我卻毫不動心，因為 0050、0056 已經讓我賺到滿意的獲利，而且也非常適合我的個性，真的沒必要去改變。

如果你認為 0050、0056 的股價比同類型的 ETF 要高，當然也可以買比較便宜的 006208 來取代 0050，或買 00878 來取代 0056。

如果你認為自己的個性或資金狀況能承受較大的風險，當然可以透過選股來賺比較多的獲利，但我還是建議你鎖定幾支自己比較了解產業面的個股就好，不要因為自己什麼都不懂，就買很多支股票，美其名分散風險，其實曝露在更大因無知而帶來的風險中。

不過，要提醒大家，任何個股都存在產業的風險，還有個別經營的風險。例如連巨大（9921）這麼績優的公司也會出事，所以選股真的不是一般投資人能做到的事情。

我也碰過一些完全不懂股票的人，他們無法了解 0050、0056，我也不想勉強他們接受我的想法，就直接了當告訴他們「你敢把錢存在銀行，是因為相信它們不會倒，那為什麼不來買銀行的股票呢？因為這麼做，你能賺到的股息會是利息的好幾倍。」這些人適合的股票就是有穩定配息、而且不會倒閉的金融股，例如兆豐金。

萬一兆豐金倒閉了呢？屆時台股肯定崩盤，甚至新台幣也不值錢了。就算買金融股，也請買規模比較大的金控股。

投資股票沒有「對錯」的問題，只有是否「適合」自己的問題。你不能說買 0050 是「對」的，也不能說買台積電、兆豐金是「對」的，真的要看自己「適合」買什麼。

我只能說把錢存在銀行是「錯」的，因為利率根本追不上通貨膨脹率，但如果你就是無法承受股價任何的波動，那我想你還是只「適合」存定存。

（本文原刊於 2022 年 12 月 24 日「方格子」訂閱網站「小資幸福講堂」專欄。）

2-3 我買 0050 不是因為「看好」它，而是因為……

我曾在文章中明確表達我「不看好」台積電，結果很多人因為台積電占 0050 的比重接近一半，所以也認為我「不看好」0050。但這是一種斷章取義的理解。

首先，我是不看好台積電「會站上 600 元」，而不是不看好台積電的「可以賺價差」。台積電當然是台灣在國際上最有競爭力的公司，它已經被揭露的利多，或是已經被認同的利多，我認為就是價值 600 元。如果它還有隱藏的利多，或是未來還有研發上爆炸性的利多，當然就不只 600 元的價值。只是這些目前未揭露的利多，恐怕只有以下這些人知道：

第一、你在台積電上游供應商或下游客戶處上班。

第二、你就是台積電的員工，但可能還必須是非常高階的員工。

第三、你能直接和台積電高層主管見面，掌握第一手的資訊。

如果你不是以上三種人，我建議不要對台積電能夠站上 600 元，抱持太樂觀的看法。

台積電是好公司，當然值得在相對低檔買進。萬一套牢，至少每年還有股息可領，而且倒閉的機會趨近於零，所以尚能安心長期持有。如果不是好公司，任何相對低檔也不值得買進。

我只敢買 0050

再來我必須澄清，我從 2008 年開始買 0050，並不是基於我「看好」它，而是因為我「只敢」買它。

如果我「看好」0050，就是代表我認為它會一直往上漲，當然就可以長期持有。如果你對台灣未來的經濟充滿絕對的信心，當然就會「看好」0050，但我真的不敢過度樂觀，因為台灣經濟仍存在很多變數。許多人因為不相信台灣未來的經濟前景，還不願意買 0050 呢！

正因為我沒有「看好」0050，我才會在多頭市場用「日 K<20，買；日 K>80，賣」，然後在空頭市場用「日 K<10，買；日 K>70，賣」的紀律，作波段的操作。這個方法雖然被很多其他投資達人質疑，但這就是我對台灣未來經濟有所保留的應對之道。

你相信台灣經濟會持續成長，當然就不必接受我的看法。

我從來沒有「推薦」大家買進 0050。我從來都只是「分享」我的投資經驗。很多人批評 0050，我從不辯駁，因為我根本沒有「資格」辯駁。

如果有投資達人說某某 ETF 勝過其他 ETF，就代表他「看好」前者，但我從來沒有批評過別的達人曾提過的 ETF。

那麼，我為什麼「只買」0050 ？因為我「只敢」買 0050。

第一、我不會選股，我當然只敢買0050。

第二、我不求投資績效打敗大盤，我當然只能選擇0050。

第三、我不願意只存定存，然後被通貨膨脹率侵蝕我的實質購買力，所以我必須做投資，而0050的風險分散的特性讓我買它的時候最安心。

以上三點也適用於 006208、0056、00878。

大家閱讀文章或看書時千萬不要過度解讀，這樣非常危險。

（本文原刊於 2022 年 9 月 8 日「方格子」訂閱網站「小資幸福講堂」專欄。）

2-4
要不要參加 0050 除息？

0050 在 2022 年 7 月 18 日除息，是破天荒、破紀錄的 1.8 元。每次要除息前，大家最愛問「該不該參加除息？」我就用這篇文章來回答這個總是被問到的問題。

參加除息，最重要的考量點就是「能不能填息？」0050 自 2003 年上市以來，只有 2022 年 1 月那次除息迄今仍未填息，而且嚴重貼息。

以往 7 月都只配 0.7 元，2021 年因疫情關係，很多公司股東會都延期，導致配息時程較以往更晚，所以該次居然只配了 0.35 元。因為除息金額不大，經常都是一開盤就填息，也就是大家所說的「秒填息」。2022 年 7 月配 1.8 元，還會秒填息嗎？

我認為秒填息的機率非常低，甚至很多人擔心這一次也無法填息。（編按：2022 年 7 月配息 1.8 元，僅花了 3 天就填息）不能填息，就不該參加除息嗎？我真的也不敢保證一定能填息，所以看來是不該參加除息了嗎？

「填息」雖然是指除息後股價回到了除息前一天的收盤價，但每個人買進的價格不一樣，所以對每個人來說，應該是回到他的成本價，才算是賺到了股息。

例如，你用 113 元買進 0050，然後參加除息，股價必須回到 113 元以上，才賺到股息。

如果除息前一天的收盤價是 115 元，在隔周一的除息參考價是 113.2 元，你早就賺到股息了。如果除息前一天的收盤價是 112 元，在隔周一的除息參考價是 110.2 元，就算股價回到 112 元，你還沒有賺到全部的股息。

如果你現在持有 0050，我相信你的成本價或許在 120 元、130 元，甚至 140 元之上，那麼你參加除息後，要賺到股息的機會就很小了。

既然很難賺到股息，所以就不該參加除息，真是這樣嗎？這要分幾種狀況來做個別建議：

第一、手中目前沒有 0050：

我認為你不妨買進來參加除息。因為當時大盤或 0050 的日 K 都在 20 左右，周 K 在 10~20 之間，月 K 也在 20 左右，都算是近幾年來難得見到的相對低檔區。在此時參加除息，填息的機會相對大很多。

如果你判斷還會繼續跌，然後很難填息，當然就不該參加除息了，這要你自己決定喔！

第二、最近才買進 0050：

如果除息前一天的收盤價超過你的成本 1.8 元以上，換句話說，價差已經大於股息，我建議你或許可以考慮賣掉，先將價差落袋為安，這樣就不必再焦慮會不會填息了。

如果是我，我不會賣。因為一來日 K 或許不會大於 70，本來就不符合我的進出紀律，而不該在此時賣，二來除息參考價可能會高於你的成本，早就填息了，如果還能回到除息前一天的收盤價，你不是賺更多嗎？請看以下的舉例。

假設你的成本是 110 元，除息前一天收盤價是 113 元，除息參考價是 111.2 元。你在除息前一天賣掉，可以「確定」賺到 3 元。你若不賣，可以「確定」領到 1.8 元股息，如果它又漲回 113 元，你「帳上」仍有 3 元的未實現獲利，加起來是 4.8 元，但它能漲到多少元？則是一個很大的變數。

第三、買進 0050 的成本很高：

我認為你應該「被迫」參加除息。都已經套牢這麼嚴重了，不參加除息，不就白白損失了可以領的股息嗎？

我認為你不該篤定它還會繼續跌。畢竟當時大盤或 0050 的日 K 都在 20 左右，周 K 在 10~20 之間，月 K 也在 20 左右，再跌的空間應該已經不大了。如果它就此止跌，你不參加除息不就太可惜了嗎？

如果你認為它除息後會「嚴重」貼息，因此想先賣掉，等以後再買回來，當然也可以，但如果是我，我不會這麼做。

第四、長期持有 0050 很多年了：

我相信你的成本很低，而且應該每次都參加除息，現在當然也該像以往一樣，繼續領股息。

第五、是用定期定額的方式買 0050：

定期定額的目的，就是要長期投資。既然如此，當然要參加除息啦！

綜上所述，不管哪種狀況，我都建議還是該參加除息。除非你的所得稅率很高，領息要繳很多的稅，才不該參加除息。這時，請你在除息前一天之前賣掉，但請除息後買回來，畢竟不太可能秒填息，所以應該有足夠時間可以買回來。

（本文原刊於 2022 年 7 月 8 日「方格子」訂閱網站「小資幸福講堂」專欄。）

2-5 0050 該獲利了結一些嗎？

很多人問我，他們手上的 0050 有些已經獲利，但有些還在套牢，如果日 K 又已經到 90 了，該不該賣一些呢？但現在賣，可能是賣那些較早買進，現在還套牢的部位，不就是認賠了嗎？現在我就來幫大家解開心魔！（不過，請大家要耐心看我的算式喔！）

假設你現在有 10 張 0050，分別是 130 元買 1 張，125 元買 2 張，120 元買 3 張，115 元買 4 張，平均成本是 120 元。

（130 × 1000 + 125 × 2000 + 120 × 3000 + 115 × 4000）= 1200000

1200000 ÷ 10000 = 120

若收在 121.55 元，以平均成本來看，已經是獲利狀態，但以個別部位來看，還有 1 張 130 元和 2 張 125 元是虧損的。

狀況一：用一般券商 APP 的計算

如果你現在用 121 元賣 3 張，以一般券商 APP 的計算，會認定你賣的是最早買的 1 張 130 元和 2 張 125 元，所以是虧了 17000 元（為計算方便，暫時不計手續費和證交稅）

（121 × 3000）－（130 × 1000）－（125 × 2000）= -17000

這樣還該賣嗎？

但別忘了這 3 張 0050 在 2022 年 7 月已經領了每股 1.8 元的現金股利，所以要把這 3 張的股息 5400 元加上去，所以虧損其實只有 11600 元。

1.8 × 3000 = 5400

-17000 ＋ 5400 = -11600

你確實是賠了 11600 元，這個金額可以視為剩下的 7 張持股所增加的成本，然後平均成本會成為 118.8 元，仍然比收盤價的 121.55 元低，所以整體還是處於獲利狀態。

（120 × 3000）＋（115 × 4000）＋ 11600 = 831600

831600 ÷ 7000 = 118.8

剩下的7張，只要你賣在119元以上，都是賺錢的。所以現在雖然是「認賠」的，但沒賣掉最後7張以前，都還不一定是虧損的。

而且別忘了計算剩下的7張，還要加上已領的股息12600元喔！

如果你後來在日K<20的時候，假設跌到115元，把賣掉的這3張買回來，平均成本則會降到117.66元，比如果完全不賣時的平均成本120元還低。

831600 ＋ （115 × 3000） = 1176600

1176600 ÷ 10000 = 117.66

狀況二：用平均成本計算

但如果賣的3張是用平均成本120元來算的話，則是賺了3000元。

（121 × 3000） －（120 × 3000） = 3000

還是別忘了你這3張，已經領了5400元的股息，加上去就是獲利 8400 元。

3000 ＋ 5400 = 8400

不過，你剩下的 7 張都要視成本為 120 元，而不能將最後買的 4 張還認定成本是 115 元喔！

如果用這個算法，就不要再理會券商 APP 的計算結果了。

結論是只要券商 APP 幫你算的「平均成本」低於目前 0050 的市價，現在都可以賣一些。

如果券商 APP 幫你算的「平均成本」仍高於目前 0050 的市價，我就不建議你賣掉一些。0050 每年都配息，又不會下市，真的不必停損，就套牢領股息吧！

以上是我的假設，請你自己用以上的方法算算看，是不是該賣一些？不賣，當然也可以，請各位自己決定了。

（本文原刊於 2022 年 8 月 19 日「方格子」訂閱網站「小資幸福講堂」專欄。）

2-6 你套牢在 0050、0056 上，是否覺得很焦慮？

2022 年指數從最高點 18619 點跌到最低點 12629 點，跌了 32%。你的 0050 若買在 140 元以上，0056 買在 34 元以上，會覺得很焦慮嗎？要如何化解焦慮感？該停損，還是該繼續套牢？

狀況一：

如果你的焦慮是因為你已經把所有的錢都投入，所以現在連生活都成問題。這時候，我建議你就賣一些吧！因為至少有錢可以生活，不必每天都在期待一路反彈大漲，讓自己能夠早日解套。

沒錢過生活，就是眼下最現實的問題，當然要優先解決。如果你只買了一張 0050，就讓生活陷入絕境的話，建議你一次賣 100 股至少拿回 1 萬元，可以解燃眉之急。

如果你真的只有 10 幾萬元，請以後不要再買一整張了，請每個月定期定額 1 萬元，這樣就不會影響日常生活了。

如果你套牢很多張 0050，造成生活困難，也不要一次賣一張。如果現在日 K 已經小於 20，此時去賣可能賣在最低點，所以賣些零股，可以過日子就好。等到日 K 大於 70，再賣一兩張吧！你都沒錢過日子了，就別等到日 K 大於 80 才賣吧！既然日 K 都大於 70 了，股價應該也有反彈，屆時或許你就不焦慮了。不過，我還是建議你賣一兩張，因為 2022 年看來就是一個「套牢年」。

以上是舉 0050 為例，你手上若持有的是 0056，也可以比照辦理。

狀況二：

如果你還有錢，或是你還有工作，每個月都有固定薪水會入帳，讓你的生活可以一如往常過下去，但你還是覺得套牢很焦慮，因為或許帳上已經虧損幾十萬元，甚至上百萬元。

這時請捫心自問，你為什麼要買 0050、0056？你如果只是因為聽別人說它們會漲、會賺錢才買，那你就是犯了天大的錯誤。怎麼說呢？

這是很多人買台積電的理由，但絕不該是買 0050、0056 的理由。買 0050 真正的目的是「複製大盤」，也就是得到和大盤相同的績效就好，漲就賺，賠也不會賠得比大盤多。

每一個投資人都幻想自己有能力打敗大盤，買台積電不就是這個心態嗎？有些人更貪心，去買別的個股，希望賺的比買台積電更多。大家想的是「賺錢」、想的是「贏大盤」，但買 0050 不該是這個想法，它只是想「和大盤一樣」。

如果你有買 0050 的正確心態，其實就不該焦慮。股市哪有可能只漲不跌？所以我才會用一個簡單紀律**「多頭市場時，日 K<20，買；日 K>80，賣」**或**「空頭市場時，日 K<10，買；日 K>70，賣」**來賺取區間獲利。

2022 年用這個紀律當然讓很多人套牢了。如果你不焦慮，就可以抱定「大不了套牢」的心態。如果你很焦慮，就可以在每次日 K>70 或 80 的時候認賠出場，然後等下一次日 K<10 或 20 的時候進場，拿下一次的獲利來彌補上一次的虧損，至少不會一直焦慮。這個做法請參考前一篇〈0050 該獲利了結一些嗎？〉

買 0056 的理由也絕不是認為它會漲、會賺錢才買。你應該是希望從它得到穩定的股息，而且近年股息殖利率都在 5%~6%。2022 年甚至到了 8% 以上，其實該高興，而不該焦慮，不是嗎？

我常說買 0056 是「隨時都可買，買了忘記它」，如果你也認同，就算從 34 元跌到 24 元，都應該不會焦慮才對啊！

如果你還有錢可以過日子，但因為面對 0056 帳上虧損而焦慮的話，我建議你什麼股票都不該買，還是回去存定存好了。這是個性問題，勉強不來就認命吧！因為「人生」還是比「投資」重要。

（本文原刊於 2022 年 9 月 23 日「方格子」訂閱網站「小資幸福講堂」專欄。）

2-7 寫給 0056 買在 36 元的人

如果有人的 0056 買在 2021 年最高價 36 元，應該是運氣很背的人，希望正在閱讀本文的你沒有這麼衰。如果我說就算買在 36 元，也一定不會賠錢，那麼你只要買的價位比他低，當然更不會賠錢了。怎麼說呢？

當然，買在 36 元的人至今肯定無法賺錢，但把時間拉長就一定賺了。說不定 2023 年就回到 36 元以上，那就能賺 10.8% 喔！

因為 2021 年領了 1.8 元的股息，2022 年領了 2.1 元，總共 3.9 元，去除以成本 36 元，報酬率就是 10.8%。或許你認為這樣想太樂觀了，但只要 2023 年漲回 32.1 元，就完全不虧了喔！這個機會相對大一點。

3.9 ÷ 36 ＝ 10.8%

36 －（1.8 ＋ 2.1）＝ 32.1

我們先來回顧 0056 從 2008 年上市以來至 2022 年，總共 15 年時間，配了19.35元的股息。假設你用當時上市價25元買進，持有到2022年而且參加除息，這15年的股息殖利率是77.4%。

19.35 ÷ 25 ＝ 77.4%

你的成本是25元，而你已經領了19.35元股息，所以只要再領5.65元，就可以完全回本了。

19.35 ＋ 5.65 ＝ 25

5.65元的股息大概是3-4年的合計，也就是說在19年後就完全回本了。

15 ＋ 4 ＝ 19

很多人會擔心「賺了股息，賠了價差」，除非19年後，0056的股價跌到0，這19年才是白忙一場，但至少把錢全部收回來了。台股有太多股票就算經過19年都沒辦法把成本收回來喔！買0056至少只是「白忙一場」，大多數投資人可都是「虧本收場」。

0056會跌到0嗎？絕不可能！所以只要不是0，你就穩賺不賠。

只要 19 年後，股價維持在 25 元就好，你已經獲利 100%。假設跌到 20 元，雖然價差虧了 5 元，但股息賺了 25 元，最終還是賺了 20 元，因此 19 年的報酬率還有 80%。

25 － 5 ＝ 20

20 ÷ 25 ＝ 80%

我認為 0050 如果跌破 20 元，台灣經濟可能都沒救了，屆時還有什麼可以投資的標的呢？

用以上同樣的邏輯，來評估你的 0056 買在 36 元的情況（你也可以用自己的實際持股成本來評估），結果如何呢？

不管怎樣，總有一天你一定會回本，但時間可能不只 20 年，如此而已。或許我們可以假設 25 年，而屆時 0056 也絕不可能跌到 0，所以一樣是穩賺不賠。

只要 25 年後，股價維持在 36 元就好，你已經獲利 100%。假設跌到 20 元，雖然價差虧了 16 元，但股息賺了 36 元，最終還是賺了 20 元，25 年的報酬率還是有 55.6%。

36 － 16 ＝ 20

20 ÷ 36 ＝ 55.6%

以上是最極端的例子，也就是只買一張，然後就一直套牢領股息。我相信在正常情形下，不論是用定期定額，或繼續往下買，你現在的平均成本一定比 36 元低。屆時回本的年數一定比 25 年少。

除非你已經年紀很大或是未來發生意外，否則買 0056 在你有生之年，一定可以看到回本的一天。

金控股的回本年數約略與 0056 相當，但 0050 會更長，台積電則又比 0050 長很多。

請別忘了，你在股市穩賺不賠已經是人生勝利組了。有些人終其一生都賠錢，真的還不如去存定存。但所有人都認為自己買股票一定會賺錢，結果卻連定存都輸。

就算你的 0056「曾經」買在 36 元，只要你不是因為缺錢非賣 0056 不可的話，長期持有它真的穩賺不賠。別擔心了吧！

（本文原刊於 2022 年 10 月 7 日「方格子」訂閱網站「小資幸福講堂」專欄。）

2-8
0056 真的不能買了嗎？

0056 在 2022 年配 2.1 元股息。很多人很開心，但也有很多人說它當年跌很多，所以不該再買它了。0056 現在真的不能買了嗎？

主張該買的人說它用除息前一天的收盤價 25.84 元計算股息殖利率，高達 8.1%，但認為不該買的人警告大家「小心賺了股息，賠了價差。」

賺了股息，賠了價差，真的嗎？

當時我當然不能保證它一定會填息，但它除息後的第一個週五收 23.58 元，只要它往後每年配 1.2 元，20 年後也就回本了。我用往後每年只配 1.2 元，應該夠保守了吧？ 20 年後，它會跌到 0 嗎？絕對不可能。它會跌到 10 元嗎？當然有可能，但這表示台灣經濟已經崩潰，那麼不只 0056 不能買，什麼股票都不能買了。放定存就安全嗎？也不安全吧？

換句話說，**如果 0056「永遠賠價差」，台股真的沒有任何投資價值了。**

認為不該買它的人，最主要的論點在於長榮、友達這些「景氣循環股」納入了 0056 的成分股。0056 的股價也確實因此而重挫，從 2021 年收盤最高的 36.12 元，跌到除息後第一週最低 23.36 元，確實跌了 35.3%，但若把這兩年合計配發 3.9 元股息計算進去，則只跌了 24.5%。

（23.36 ＋ 3.9 － 36.12）÷ 36.12 ＝ -24.5%

大盤自最高點 18619 點，跌到當時最低的 12698 點，跌幅是 31.8%，比 0056 多喔！（編按：2022 年盤中最低點是 12629 點）

0050 自 2022 年最高價 152.4 元算起，跌到當時最低的 97.35 元，跌了 32.8%（已加計股息 5 元），也比 0056 多喔！也比大盤略多喔！有人因此說，0050 不能買嗎？（編按：0050 在 2022 年盤中最低價是 96.5 元）

台積電自今年最高價 688 元算起，跌到當時最低的 386 元，跌了 42.7%（已加計股息 8.25 元），也比 0056 多很多喔！（編按：台積電在 2022 年盤中最低價是 370 元）

以往有很多人說 0056 漲到 36 元，太貴了，不該買！現在很多人又說 0056 跌到 26 元以下（除息前），跌太多了，又不該買！那麼到底什麼時候才該買？

這其實是「賺價差」的思維，不是「領股息」的思維。

我幾乎不相信有人買 0056 的成本會在 36 元以上，因為就算曾買在 36 元以上，也會在下跌時再買或是用定期定額買，這樣平均成本就絕對不會是 36 元。

假設很多人的平均成本在 32 元，這兩年也領了 3.9 元股息。就算你是 2022 年買的，只領了當年股息 2.1 元，股息殖利率也有 6.6%。（2.1 ÷ 32 ＝ 6.6%）不要再被「小心賺了股息，賠了價差」這句話恐嚇了。我願意再說一次——如果 0056「永遠賠價差」，台股真的沒有任何投資價值了。

既然 0056 並沒有輸給大盤，因此我絕不會說「0056 不值得投資」，但我也不會說「該買 0056，其他高股息型的 ETF 都不該買。」

因為如果你聽投資達人說「該買 XXX，不該買 0056」，而賣掉 0056，去買 XXX，那麼往後如果發現 0056 的績效又優於 XXX，是否你又要賣掉 XXX，然後再追高買回 0056？這不是會讓你永遠都處於「追高殺低」的輪迴中嗎？

因為不同的時期，一定有其他高股息型的 ETF 的投資報酬率高於 0056，但不可能有任何一支永遠會贏過其他高股息型的 ETF。這種短期的績效評比，只會讓你有可能陷入「抓龜走鱉」的焦慮中。

這其實同樣也是「賺價差」的思維，而不是「領股息」的思維。

任何高股息型 ETF 都不會「永遠賠價差」，只怕資產規模不斷縮小而下市。

（本文原刊於 2022 年 10 月 23 日「方格子」訂閱網站「小資幸福講堂」專欄。）

2-9 0056 有三種買法，哪一種比較好？

有一個網友問我，說他可以每個月拿出 1 萬元來買 0056，是要存到 3 萬多元，直接買 1 張，還是每個月定期定額買 1 萬元？其實還有一個方法，就是在盤中買零股。這 3 種方法，哪一個比較好？（編按：本文寫作當時，0056 股價超過 30 元）

我先說結論：「我建議採用定期定額。」再跟大家分享我的理由。0050 也適用嗎？個股也適用嗎？

如果是存到 3 萬多元再買一張，這時會開始出現進場前的焦慮。假設 0056 的股價很接近 34 元，而你存到了 34000 元，這時候你可能會跟很多人一樣，還想觀望一陣子，希望跌到 33.5 元再買，甚至 33 元左右再買。萬一 0056 沒有如你預期下跌，還繼續漲，你不就又買不起了。然後你就會一直在盯著股價，心情就會七上八下，然後必然影響到你的工作和生活。

除非你真的有決心，只要存的錢夠買一張，就一定「立刻」進場，我才支持你這樣做。

如果採盤中零股交易，1 萬元目前大概可以買 300 股。我相信這比買一整張還令人焦慮。是一次買 300 股，還是分 3 次，然後每次各買 100 股？或許還有人可能分 6 次，甚至 10 次呢！

每多一次，就多一次焦慮的可能，然後一直盯著盤面，總希望買到最低價。如果這個月只買到 100 股，下個月要買 500 股，還是依然只買 300 股呢？又是一個讓人頭痛的問題。

如果看過我的書，就會知道我對 0056 的操作建議很簡單，也很直白——「隨時都可買，買了忘記它。」0056 的股性非常牛皮，價格波動很小，真的沒必要太斤斤計較。

既然「隨時都可買」，不就是「定期定額」的精神嗎？因為你必須事先跟證券公司敲定每個月固定扣款的日期，這樣反而不會再焦慮進場的時機了。

不過，採用定期定額的方式，務必要長期執行下去，千萬不要大漲時，怕買到高價而停扣，或是大跌時，擔心繼續下跌而停扣。如果只執行一兩年，甚至只執行幾個月，根本達不到原本的投資效果。

如果有看到 0056 的日 K 小於 20 時，或許可以考慮有錢就多買一張，若買不起一張，買零股也可以。日 K 大於 80 的時候，我建議還是不要賣，就一直當作存股來領股息。

如果你追求股價的成長，當然也可以定期定額來買 0050。我同樣也不支持採用盤中零股交易，以及存到足夠的錢再買一張的方式。

只要是和 0050 類似「市值型」的 ETF，或是和 0056 類似「高股息型」的 ETF，我認為都可以考慮做為定期定額投資標的。

因為定期定額一定要「長期」執行下去，所以我比較不建議買個股。台積電雖然看起來有長期投資價值，但誰都不能保證它未來不會變成第二個宏達電。

基於以上同樣理由，我也比較不贊成用定期定額去買主題式 ETF，如半導體、電動車、5G 等等強調特定產業的 ETF，因為它們或許會和以往的太陽能或 LED 一樣在未來成為「慘業」。

此外，千萬別用定期定額來買大多數人都很陌生的其他國家的 ETF，就算大家不算太陌生的中國股市的 ETF，我也不建議這麼做。

（本文原刊於 2022 年 3 月 12 日「方格子」訂閱網站「小資幸福講堂」專欄。）

2-10 定期定額如何增加 0056 的獲利？

0056 在 2023 年 3 月底收在 28.43 元，約略和 2022 年 7 月、8 月的價格相當。如果你在當時一筆購入，至少已經回本，而且 2.1 元的股息也確定落袋。如果你的成本在 30.53 元以下，至少也沒虧錢了。你可以算算看，你的 0056 是否已經不虧了？

我一直鼓勵小資男女要用定期定額的方式來買 0056，長期執行下去，真的要賠也很難，而且至少不會感到焦慮。

2022 年，0056 幾乎是一路下跌，最高價曾來到 34.35 元，最低價則為除息後的 23.28 元。

我希望沒有人就套在最高價 34.35 元，然後都沒有逢低買進來降低成本。我也不希望有人在套牢的過程中認賠停損。這些都不該是買 0056 的最好方法。如果你是用定期定額的方法，你現在肯定是賺錢的，但大盤在這段期間卻是跌了 10% 左右。

若每月定期定額 5 千元買 0056

假設你每個月以 5000 元，定期定額來買進 0056，扣款日則訂為每個月最後一天，然後從 2022 年執行到 2023 年 3 月底，我們來看看結果如何？

2022 年 1 月底到 2023 年 3 月底，總共 15 個月，你投資了 75000 元。

5000 × 15 ＝ 75000

2022 年 1 月底，0056 收盤價為 32.4 元，可以買到 154 股 0056。2 月底收盤價為 33.33 元，可以買到 150 股 0056。

5000 ÷ 32.4 ＝ 154

5000 ÷ 33.33 ＝ 150

2022 年 3 月底到 2023 年 3 月底的收盤價分別為 33.63、32.01、31.4、27.56、28.55、28.79、25.78、23.48、25.65、25.4、26.54、27.67、28.43 元。然後都是用 5000 元去除，就可以得到每個月可以買到 0056 的股數。

依照以上的算式，從 2022 年 1 月底到 2023 年 3 月底，總共可以買到 2642 股。用總成本 75000 元來除，平均成本是 28.38 元。

75000 ÷ 2642 ＝ 28.38

2023 年 3 月底收盤價 28.43 元，約略等於你的平均成本 28.38 元，不就回本了嗎？別忘了，到 2022 年 9 月底的除息前，你總共買進了 1492 股（請自行計算），每股配了 2.1 元，你已落袋 3133 元。

2.1 × 1492 ＝ 3133

你現在持股市值為 75121 元，加上股息 3133 元，合計資產為 78254 元。

28.43 × 2642 ＝ 75121

75121 ＋ 3133 ＝ 78254

總成本 75000 元，現在價值 78254 元，所以報酬率為 4.34%。

（78254 － 75000）÷ 75000 ＝ 4.34%

看來不高，但大盤這段期間是從 17674 點跌到 15868 點，可是跌了 10.2% 喔！你也可以問問周邊的朋友，有幾個人在這段期間是賺錢的？恐怕不多。

如何提高定期定額的報酬率？

定期定額還能有什麼方法可以增加報酬率呢？以下分享能將報酬率從 4.34% 提高到 6.44% 的方法：

第一、價格下跌時，絕對、絕對不要停扣！！

第二、價格跌 10%，就將定期定額的金額提高一倍。以同樣的例子來說，一旦 0056 的價格跌到 30 元以下，就提高每個月扣款額到 10000 元。

換句話說，2022 年 1 月到 5 月每個月扣 5000 元。2022 年 6 月到 2023 年 3 月都在 30 元以下，每個月就扣 1 萬元。總成本為 125000 元。

結果呢？股數會增加到 4516 股，持股市值增加到 128395 元。到 2022 年 9 月底的除息前，你總共買進了 2216 股，股息增加到 4654 元，合計 133049 元。報酬率為 6.44%

28.43 × 4516 ＝ 128395

2.1 × 2216 ＝ 4654

128395 ＋ 4654 ＝ 133049

（133049 － 125000） ÷ 125000 ＝ 6.44%

如果跌到 27 元以下，扣 15000 元，報酬率會增加到 7.68%。

你如果買的是 00878，也可以用同樣的方式計算。

再次提醒你，大盤這段期間是從 17674 點跌到 15868 點，可是跌了 10.2% 喔！你也可以問問周邊的朋友，有幾個人在這段期間是賺錢的？恐怕不多。

最後還要提醒你，0056 因為股價波動不大，可以採「每跌 10%，扣款金額增加一倍」的方法，但個股不一定適用喔！

（本文原刊於 2023 年 3 月 31 日「方格子」訂閱網站「小資幸福講堂」專欄。）

2-11
0056 增加至 50 檔成分股之我見

0056 在 2022 年最受矚目的新聞，就是將從原先的 30 檔成分股增加為 50 檔，大家議論紛紛，這究竟是利多還是利空呢？我將用這篇文章來表達看法。

目前這個重大變革對 0056 不會有任何影響，因為它的價格還是和它的淨值有關，而現在它還是 30 檔，所以 0056 的市價還是只會反映這 30 檔的淨值。

不論你認為是利多或利空，都不會產生溢價（市價大於淨值）或折價（市價小於淨值）。因為一旦發生以上情形，價格會立刻收斂回到淨值。

柴鼠兄弟曾在影片中提到，根據他們在英文版說明中找到的證據，這次的重大變革是因為目前的 30 檔成分股「代表性不足」。

因為 0056 是從台灣市值最大的 150 家中，挑出預估未來一年股息殖利率最高的 30 家，結果現在的 30 檔的市值只佔這 150 家總市值的 13.7%，遠低於 2007 年的 26%，甚至 2020 年還曾經不到 10%，所以 0056 必須增加成分股，才能擁有比較足夠的代表性。

為什麼會造成這麼嚴重的「代表性不足」？因為沒有台積電嘛！台積電占台灣前 50 大市值的股票比例已經高達 42.8%，就算再加上第 51~150 名市值來計算，或許一樣超過 40%。

若不論「代表性」，不增加到 50 檔成分股，可能還會出現「適法性」的問題。根據「證券投資信託基金管理辦法」的規定，「任一基金」持有一家上市或上櫃公司的持股不得超過該公司股本的 10%，而且該投信公司「所有基金合計」對任何一家上市或上櫃公司的持股，也不得超過該公司股本的 10%，如果 0056 的規模繼續擴大，若有任何一檔成分股股本較小，就有可能因此違法，甚至影響該投信公司其他基金不能買進同一支股票。

0056 成立之初，應該萬萬沒有想到有一天，規模會大到有觸法之虞。

「代表性不足」迫使 0056 必須增加檔數，而「適法性疑慮」則讓 0056 非要增加檔數不可。

很多達人說，增加到 50 檔，可以降低「景氣循環股」對 0056 淨值的影響。說穿了，就是大家都不認同其中有長榮、陽明和友達。這樣做當然能讓這幾支有爭議的持股降低比例，但我相信這不是 0056 要增加成分股的目的。因為當這幾支不再是預估未來一年股息殖利率最高的 30 家之一，就自然會被剔除，又何須做如此大的變革？

有些投資達人用了以下的比喻「資優班本來只有 30 個學生，

現在增加到 50 個，平均成績應該會下降」，來預期 0056 的股息殖利率會下降，所以視為「利空」。

如果用同樣的比喻，我卻會說有些資優生後來被發現是「假資優」，因為他跟不上其他人的學習進度，而普通班有些第一名或許才是「真資優」，現在把他們收入資優班，反倒會因為他們加入，而提高了平均成績。

請問只有資優班學生能考進台大嗎？有些資優班學生甚至考不進台大喔！

究竟增加到 50 檔成分股對 0056 會有什麼影響？真的只有屆時才知道，對「股價」和「配息」是好，還是壞？現在都言之過早，要等 2023 年配息多少，才能下定論。

（本文原刊於 2022 年 11 月 5 日「方格子」訂閱網站「小資幸福講堂」專欄。）

2-12
0056 現在該賣了嗎？

0056 在 2023 年 5 月 26 日，站上了久違的 30 元大關。近來有非常多的人問我，已經獲利 15% 至 20% 了，甚至已經賺到 2 年的股息了，該不該先獲利了結，然後等它跌下來再買回來？

0056 從 2022 年除息後的最低點 23.28 元，來到當天盤中最高點 30.25 元，漲了 30%。去年，很多達人看衰 0056，應該害很多人都不願意在 24 元以下買進。還說它去年填息無望，結果 32 個交易日就填息了。

如果你用除息前一日收盤價 25.84 元買進，到 2023 年 5 月 26 日收盤價 30.13 元，帳上賺了 4.29 元，加上已經賺到的股息 2.1 元，合計 6.39 元，報酬率為 24.7%。非常好啊！

30.13 － 25.84 ＝ 4.29

4.29 ＋ 2.1 ＝ 6.39

6.39 ÷ 25.84 ＝ 24.7%

其實只要在除息前買進的平均成本在 32.23 元以下，扣掉股息 2.1 元，至少已經不虧了。我相信絕大多數人的成本應該都不到 32 元吧？

30.13 ＋ 2.1 ＝ 32.23

若是採用定期定額的方式投資 0056，並假設從 2022 年 1 月起到 2023 年 4 月，每個月用月底收盤價買進，平均成本為 28.68 元，也賺了 5%。（還沒算 2.1 元的股息喔！）

算式為：（30.13 － 28.68）÷ 28.68 ＝ 5%

我相信絕大多數人的 0056 現在應該都在獲利狀態中。怪不得這麼多人想要獲利了結、甚至先求解套就好。沒賺到錢的人的真正問題是「0056 的價格曾經那麼便宜，自己為什麼不買呢？」

在寫本文之前，正巧有個網友私訊向我致謝。他說他在 2023 年 5 月 26 日用 30.2 元賣了 20 張 0056，賺了將近 8 萬元，而且可以拿這筆錢來支付家裡整修的裝潢費。

以下我就來回答「0056 現在該賣了嗎？」這個問題。

他的私訊有兩個重點，第一點是「賺了將近 8 萬元」，第二點是「來支付家裡整修的裝潢費」。

我認為第二點比第一點重要。換句話說，你賣掉的錢有明確用途，例如終於可以拿去買一件你渴望已久的東西，或支付一筆必需的花費，或是用來出國旅行，你就可以把一部分的0056賣掉。但我希望你只要賣掉足夠支付那些費用的0056就好了。

我曾說過：**「把股票賺來的錢『花掉』，才能真正擁有賺來的錢。」**

如果他的0056還在套牢中，賣掉就會賠錢，或許他就只好拿其他的積蓄來付裝潢費。既然0056已經賺錢了，還賺了8萬元，現在賣掉，其實等於少花了8萬元，一定非常開心啊！

假設他的裝潢費要60萬元，如果他沒買0056，就要拿出積蓄60萬元來支付。好在他有買0056，當初可能花了52萬元，現在賣掉0056，可以付60萬元，不就可以說是少花了8萬元嗎？

我認為只要賣掉0056的錢，有必須支付的用途，我就建議你該賣一部分。如果賣掉0056，也不知道要用在哪裡，那還不如繼續抱著。

如果有明確的用途，也無須糾結「還會不會漲？」這件事，直接賣了吧！

如果賣掉，只想等跌下來再買回來，我就勸你不要賣。誰說它一定會跌下來呢？ 0056確實有一段期間，很難突破30元，所以才有投資達人說要來回賺價差，結果後來一旦突破30元，就一路漲到36元，再也買不回來了。

絕大多數投資人都很想賣賺錢的股票，但當天指數已經突破 16500 點，該煩惱的，反而是手上賠錢的股票該不該賣？

如果手上股票無法同時符合「每年都有穩定配息，而且大到不會倒」這兩個條件，又在此時還無法站上季線（MA60），我建議你真正該考慮的是——停損這些弱勢股。

（本文原刊於 2023 年 5 月 26 日「方格子」訂閱網站「小資幸福講堂」專欄。）

第3篇

面對眼花撩亂的各式ETF，該怎麼選擇？

買ETF 追求的是「分散風險」，而不是「提高獲利」。
理解這個道理後，
你就更能安心面對0050、0056 的股價波動。
如果不能做到風險分散的ETF，
當然就不是能安心投資的標的。

美國職棒大聯盟一直存在一個說法：職棒球迷只有兩種，一種是洋基迷，一種是非洋基迷。這個說法也可以套用在台股 ETF 中，同樣也只有兩種，一種是「0050 和 0056」（被戲稱為「國民 ETF」），另一種是「其他所有要打敗『國民 ETF』的 ETF」。

每一支新推出的 ETF，如果回測投資績效不能打敗國民 ETF，那就根本不可能上市。因為連國民 ETF 都贏不了，怎麼會有投資人有興趣認購？

近幾年來，終於有一支能和 0050 抗衡的「市值型」ETF，那就是 006208，也有幾支能和 0056 拚人氣的「高股息型」ETF，那就是 00878、00900、00713。其中又以 00878 最受投資人青睞，資產規模大幅成長，與 0056 的差距越來越小，甚至 2022 年一整年績效也打敗 0056。

此外，0056 在當年也做了大變動，成分股由 30 支增加為 50 支，究竟影響是好還是壞？大家因為不確定，也在思考是不是該買 00878 來取代 0056 ？

還有人很疑惑：「我為什麼還是堅持買 0056 ？」

我不是「堅持」買 0056，而是「懶得」去換標的。0056 在 2022 年的績效確實輸給 00878，但你如果是因為這樣才想改買 00878，那麼如果有一年結算後，0056 又贏了 00878，難道又要換回來？真的很累耶！而且會開始有另一種焦慮了。

我曾以金城武比喻 0056，用劉德華比喻 00878。這兩個偶像明星都有龐大的粉絲群，但你能找到任何一個明確理由來證明你的偶像就一定比較好嗎？以我個人來說，我就是喜歡金城武，沒什麼理由啊！

我認為這兩支長期績效應該差異不大，但短期可能會有高下之分。因為 0056 的選股標準是「預估未來」的股息殖利率較高者，而 00878 則是根據「過去實際」的股息殖利率較高者來選股。這就出現了比較大的歧異，所以在 2023 年，0056 的電子股比重較高，而 00878 的金融股比重則比較高。

我不像有些投資達人斬釘截鐵說 00878 一定比 0056 好，所以只能買 00878。我也不想反駁，我只建議大家買 0056。我不想買 00878，當然就沒有「建議」的資格，我只能「分享」買 0056 的經驗。

投資達人只要找到一段特定期間，他所支持的 ETF 一定會比另一支的投資績效要好，然後告訴大家他的看法才是正確的，但這是在玩數字遊戲，根本沒有意義。

你真的不知如何選擇，就都買吧！

和這個問題很類似的就是問我「可以買 006208 嗎？」

我的建議也是一樣——「你真的不知該買 0050，還是 006208 的話，就都買吧！」

當然還有其他「市值型」和「高股息型」的 ETF，但因為成交量不大，或配息不穩定，或是資產規模不斷萎縮，就不在本文討論之內。

要在 0050、006208、0056、00878 這 4 支中做選擇，都讓很多人焦慮了，如果再把所有類似的 ETF 都列入選項，恐怕會造成更嚴重的「選擇障礙」。

為了打敗國民 ETF，各投信公司更是卯足全勁、絞盡腦汁，推陳出新各式各樣的 ETF，才造成如今百花齊放，讓人眼花撩亂的台股 ETF 現況。

這些其他的 ETF 當然可以買，但我認為都要附加一些條件。

很多投資人可能會嫌 0050 太無聊，所以元大投信為了因應這些人更積極的操作需求，所以後來也推出了 0050 的衍生性 ETF，也就是「台灣 50 單日正向 2 倍基金」（00631L，以下簡稱「正 2」），和「台灣 50 單日反向 1 倍基金」（00632R，以下簡稱「反 1」）。

0050 和大盤漲跌幅幾乎相同，但正 2 的漲跌幅就會是大盤的 2 倍。大盤漲 1%，正 2 漲 2%，大盤跌 2%，正 2 就會跌 4%。雖然獲利增加為 2 倍，但虧損（或說風險）當然也是增加為 2 倍。你如果看好大盤持續上漲，買正 2 當然賺更多，但如果你看錯，就會賠更多。

反 1 則正好和大盤相反，大盤漲 1%，反 1 就跌 1%，大盤跌 2%，反 1 就會漲 2%。你如果看好大盤持續下跌，買反 1 就會賺，但如果大盤不跌反漲，你就會賠了。

台股在 2017 年站上萬點之後，很多人不看好後市，就想靠買反 1 來賺股市下跌的錢，造成反 1 成交量暴增，資產規模一度是全球反向 ETF 的第一名。結果現在嚴重套牢中。

反 1 的正式全名中，已經標明是「單日」，也就是提醒投資人這種 ETF 只適用當天當沖用，絕對不能長期持有。因為它是期貨型 ETF，每日都有轉倉成本，所以越套牢就賠越多，而且它不會發股息，絕不能用「大不了套牢」的心態來面對。

或許你以為只要跌回原來的指數，反 1 就會解套，但從以下的兩個例子，你就會知道並非如此，當然就絕對不能長期持有。

2018 年，指數最低 9400 點，反 1 股價最高 13.89 元。2020 年 3 月，Covid-19 讓人最恐慌時，台股最低來到 8523 點，反 1 才終於回到 13.94 元。請注意，大盤多跌了 900 點，反 1 才解套！

2020 年 11 月，指數最低 12480 點，反 1 股價最高 8.44 元。2022 年 10 月，指數最低 12629 點，但反 1 只有 6.73 元。就算跌到 12480 點，我預期反 1 也不會超過 7 元，還差了快 1.5 元喔！

看了以上兩個例子，你還敢長抱（或套牢）反 1 嗎？要買反 1 賺投機財，請務必當天平倉。有賺最好，就算當天賠錢也請立刻停損。

有人非常聰明，擔心買 0050 之後，卻開始下跌，就想買反 1 來避險。我認為完全沒有必要，因為如果 0050 一路上漲，你的反 1 就會虧損，然後就會吃掉 0050 的獲利，何必呢？就算 0050 真的套牢了，但每年仍可領到穩定的股息，有什麼好擔心的呢？

台股除了 2022 年一路下跌，買反 1 確實有波段獲利，但在其他年度你買反 1 避險，只是讓你白白賠錢而已。既然如此，台股多數時候是上漲的，那可不可以買正 2 呢？正 2 的每日成交量幫我回答了這個問題。

正 2 股價和 0050 幾乎差不多了，前者萬一套牢，是沒有股息可領，後者則還有穩定股息。大多數人基於風險考量，當然情願買 0050 了，所以它的成交量幾乎是反 1 的幾十分之一，也都不如 0050。

再提醒一次，**要買正 2，請務必當天平倉。有賺最好，就算當天賠錢，也請立刻停損。**

除了衍生性 ETF，還有更多不同類別的 ETF 在誘惑投資人，如「主題型」、「各國股市型」、「金融商品型」和「原物料型」。

對於可不可以買這些 ETF？我不會用它能讓你「賺錢」或「賠錢」來做為建議的基礎，而是取決於你是否真的「了解」這些產業、國家或商品？

我曾受邀上一個電視財經談話節目，製作單位事先跟我溝通，希望我在節目上能介紹一支即將上市的電子類主題型 ETF，甚至也幫我整理了很多相關資料，讓我可以好好發揮。

正式開錄時，主持人就問我：「大叔，你會投資這支 ETF 嗎？」

我居然回她：「我不會耶！」

主持人愣了一下，接著問我：「你為什麼不會買？」

我說：「我對這個產業不了解，所以我不會買。各位觀眾朋友，如果你在這個產業工作或對這個產業未來很了解，當然就可以買。」

這就是我對投資所有主題型 ETF 的基本態度。你了解這個產業，你就應該會在對的時機去買它，當然也會在該產業發展出現雜音時，及早出場。這樣當然比較有機會賺到錢，或是至少不會賠太多。

投資 ETF 的原始目的就是要「分散風險」，主題型 ETF 有很多成

分股，當然有分散「個別公司經營」的風險，但它卻集中於單一產業，也就沒有辦法分散「個別產業」的風險。這是我對主題型 ETF 最大的疑慮。

一般投資人其實不具備這些產業知識，只是聽發行該 ETF 的投信公司，邀請的投資達人來介紹這個產業的遠景。目的在於吸引投資人認購，怎麼可能會說這個產業沒有未來性呢？所以當然要讓大家相信，投資這個產業將有可觀的獲利值得期待。

這些幫 ETF 代言的投資達人，其實只能說是擔任「介紹」的角色，但大家都是把他們當專家看待，當然就認為他們是在「推薦」這支 ETF。

很多產品、食品、藥品都會找知名的明星代言，但我相信他們應該都使用過或吃過，才能推薦給大家。如果他們都沒有使用過或吃過，你還會相信他們嗎？同樣的道理，這些投資達人不可能在上市前買過這些 ETF，那你為什麼會相信他們的說法呢？

我分享投資 0050、0056 的經驗，是因為我買過，但這些主題式 ETF 在上市前，我絕不可能買過，所以我哪有資格做為它的代言人？

主題型 ETF 有產業集中的缺點，各國股市型 ETF 則有集中單一國家風險的缺點，0050 當然也不例外。為什麼我還是願意買 0050 ？因為我對台灣的了解，應該遠勝過其他國家。巴菲特不會買 0050，因為他一定不了解台灣。

在台股上市的各國股市 ETF，並不是直接連結那個國家的股市，而是連結那個國家的 ETF。0050 是直接連結台灣股市，所以連動性當然最高。

在台股買這些國家股市的 ETF，還有一個交易的風險，那就是他們和台股的交易時間不一樣。如果美股大跌，這些在台股上市的與美股相關的 ETF，卻因為台股已經休市，所以無法讓投資人即時應對美股的變動。

很多人認為台股已經漲太多了，所以就認為陸股應該會有補漲行情，就賣掉 0050，去買與陸股相關的 ETF，最後發現陸股就是不會漲，還不如當初繼續買 0050，反而會賺更多。

只要你充分了解那個國家的經濟狀況，當然可以買與該國股市相關的 ETF。如果不了解，千萬別把「個股輪動」那套投資邏輯應用到各國股市的 ETF 上。

很多投資達人當然也會擔任這種各國股市型 ETF 的代言人，我在此還是提醒大家，他們只是「介紹人」，不是「推薦人」。

那麼，有什麼 ETF 可以分散單一國家股市的風險呢？那就是「指數化投資教父」約翰．柏格（John Bogle）所成立的 VT（Vanguard Total）。它涵蓋了全球股市，但當然會依各國股市的重要性，做出適當的分配比例。

全球經濟發展縱有起伏，但人類文明畢竟會一路向上，所以長期投資 VT 絕對穩賺不賠。

還有很多人相信買 VT 這種美金資產，更能對抗台灣目前的地緣政治風險。我不否認 0050 在這方面是不如 VT 的，但只要你生活在台灣，一旦發生戰爭，你又怎麼可能因為持有 VT 而置身事外呢？

你若想長期投資 VT，我建議你透過台灣平常的往來券商的「複委託」方式去買，而不要直接去美國開戶來買。雖然前者的手續費遠高於後者，但我的考量點是，你一旦去世，家人在台灣辦理繼承事宜，當然比在美國辦方便、容易多了。

除了繼承的難易度需要考慮外，也別忘了匯率的風險。畢竟這是用美金計價的 ETF，台幣一路升值就會侵蝕獲利，但誰希望台幣一直貶值呢？除非你就是把 VT 當作你的美金資產，永遠不換回台幣，當然就沒有匯率風險，但只要提領回台灣，就得同時承受「價差」和「匯差」的風險。

我對金融商品型和原物料型 ETF 的投資態度都一樣，也就是你懂就可以買，不懂就不該買。

ETF 的發明對投資人的最大貢獻，就是免除選股的焦慮。但現在面對眼花撩亂這麼多的 ETF，讓投資人又得開始傷腦筋怎麼選 ETF 了？這絕對不是當初設計 ETF 的原意。

「減法」是我非常重要的投資理念。我認為只要**越熟悉一支股票，投資風險就越低**。換句話說，你對它的股性已經瞭若指掌，當然就比較容易做出買賣時機的正確判斷。一個人怎麼可能同時了解很多股票呢？但要聚焦幾支股票，當然就相對容易了。

我只買 0050、0056，就是我的「減法」哲學的體現。雖然我也認為可以買 00878 和 006208，但我還是不會買，因為它們和那兩支國民 ETF 很類似，我又何必去增加需要付出關心的投資標的呢？

買 0050、0056，就是斷了「選個股」可能讓你賺更多錢的誘惑，那麼當然也該斷了「選 ETF」可能提高投資報酬率的誘惑。

買 ETF 追求的是「分散風險」，而不是「提高獲利」。理解這個道理後，你就更能安心面對 0050、0056 的股價波動。如果不能做到風險分散的 ETF，當然就不是能安心投資的標的。

3-1 到底 0056 好，還是 00878 好？

0056 因為股價從最高 36 元以上跌到除息後的 23 元左右，股價表現也大輸同類型的 00878，讓很多投資人非常失望，甚至認為不值得再投資。不過它這次只花了 32 個交易日就填息，又跌破很多專家的眼鏡。有些投資達人更直言 00878 比 0056 好，真是如此嗎？

當 0056 納入「景氣循環股」，例如航運股、面板股、鋼鐵股之後，很多投資人就開始不信賴它的選股邏輯，持股信心也開始動搖。畢竟它的選股是選「未來」股息殖利率高的股票，不像 00878 是用「過去」績效做選股標準，0056 的爭議性當然比較大。

當然也是因為這些成分股的股價走弱，才拖累了 0056 的股價表現。反觀 00878 完全沒有這些股票，所以該段期間的股價表現就贏過了 0056。

不過，0056 這次除息 2.1 元，依舊填息，不只維持了它每一次除息都能填息的紀錄，而且填息速度更是史上第四快。反觀 00878 在 2022 年第一季除息前的收盤價是 19.75 元，至 2022 年底都仍未填息。

深入分析 0056 填息神速的原因，是因為成分股中的聯發科和技嘉大漲超過 2 成所帶動的。就算它有那些「景氣循環股」，但好在它還挑對了某些股票，讓航運股、面板股、鋼鐵股的影響不至於太大。其實這就是 ETF 能做到充分分散風險的最好證明。

根據柴鼠兄弟做的統計，0056 在 2022 年 1~11 月的股價跌了 17.36%，00878 則只跌了 6.99%，確實大勝 0056（以上跌幅已還原息值）

我以 2022 年世界盃做個比喻。傳統足球強國阿根廷在分組第一場比賽，就爆冷門輸給了沙烏地阿拉伯，但它最後還是以分組第一，進入 16 強淘汰賽，更得到該屆世界盃的冠軍。0056 是 2007 年上市的最老牌高股息 ETF，歷經 2008 年金融海嘯、2020 年新冠肺炎以及 2022 年的股災，算是經得起考驗，就好像阿根廷足球隊。反觀 00878 是 2020 年 7 月才上市，沒有經歷過 2008 年和 2020 年的震撼教育，就好像沙烏地阿拉伯足球隊。只比一場，阿根廷當然有可能輸，但拉長到整個足球歷史，阿根廷的勝率應該還是相對比較高。

同樣的道理，以上市的歷史來看，我還是比較願意信賴 0056。

0056 在 2022 年第四季，成分股增加到 50 檔，原本沒有金融股，這次增加了幾家，而且也加進了共 10 檔 0050 的成分股。如此一來，它的風險分散效果將更為顯著，更能稀釋某些具爭議性質的股票的影響。

我認為這次的增加和剔除的持股，可以用「利多」來看待，就好像原本有些失常的阿根廷足球明星梅西（Lionel Messi），終於又恢復了往昔的絕頂身手。

接下來，當然要回答「到底 0056 好，還是 00878 好？」這個問題了。

絕大多數的投資專家都喜歡做出比較後的結果，但任何的比較都牽涉一個主觀選擇的期間：每個人選的期間不一樣，結果都會不一樣，但都能證明他的結論是正確的。這有任何意義嗎？

我只想問，0056 上市價是 25 元，2022 年只有短暫時間低於 25 元，但這 15 年來，總共領了 19.35 元的股息，合計報酬率 77%，難道不好嗎？有 15 年的長期資料佐證，難道不能相信它未來仍能維持相同的績效嗎？

00878 成立只有 2 年，數據不夠多，你有信心它長期一定永遠勝過 0056 嗎？

再者，難道你也要定期檢視兩者的成分股，再來決定買 0056，還是 00878 嗎？或許你也會每半年調整一次，然後結果就變成這次買 0056，下次買 00878 嗎？買 ETF 不就是不要再在「選擇」上焦慮了嗎？結果你又要定期比較兩者成分股的優劣，不就失去了投資 ETF 的初衷了嗎？

（本文原刊於 2022 年 12 月 3 日「方格子」訂閱網站「小資幸福講堂」專欄。）

3-2 到底該買 0056、00878 還是 00900？

2022 年 8 月 16 日，兩支高股息 ETF 的後起之秀 00878 和 00900 都要除息。該參加除息嗎？該買這兩支，而非老牌 0056 了嗎？

我不想分析這三支的選股標準和成分股組成，因為再多的分析都比不上股價會說話。

以 2022 年 8 月 12 日的跌幅來看，00878 只跌了 8%，而 0056 跌了 12.7%，00900 跌得更重，高達 20%。大盤 2022 年跌了 16.1%，所以 00878 和 0056 是打敗大盤的。

依上述理由，所以該買的是 00878。

00900 宣布配息 1.2 元之後的隔天，股價最多曾大漲 9.4%，這幾乎是 ETF 不可能出現的一日漲幅，所以後來就開始收斂溢價幅度，到了 8 月 12 日，股價回落到 12.28 元。即便如此，股息殖利率仍高達 9.8%，遠勝 00878 和 0056。

依上述理由，所以該買的是 00900。

若用 00878 最近 4 季的股息合計 1.18 元，來和 8 月 12 日收盤價 17.32 元計算，它的年度股息殖利率是 6.8%。如果 0056 要打敗 00878 的股息殖利率，用同一天的收盤價 29.3 元估算，它今年必須要配 2 元以上才能打敗 00878。0056 是有機會發 2 元以上的股息，但目前仍未宣布，所以無法確認它能打敗 00878。（編按：0056 在同年 10 月除息，每股配息 2.1 元）

依上述理由，所以沒有非買 0056 不可的理由。

但為什麼我還是只買 0056，而不買另外兩支呢？

最近有一次去演講，我用了一個比喻來解釋我的理由：

「金城武和劉德華都是銀幕上的大帥哥，各有很多死忠的鐵粉支持他們。金城武的粉絲不會因為劉德華得過金馬獎最佳影帝，就轉而支持劉德華。劉德華的粉絲也不會因為金城武被選為最帥的華人，就轉而支持金城武。

我就是喜歡金城武勝過劉德華，要我說理由，我其實也說不上來。0056 對我而言，就是金城武，00878 就是劉德華。

那麼 00900 是哪個大帥哥呢？我認為可以看做是布萊德彼特。像它今年的股息殖利率幾乎接近 10%，應該不會是常態，就當作是更高不可攀的好萊塢巨星了。」

我在 2017 年就開始買 0056，一直都有很穩健的獲利，也無須再費神選股，且知道它做到了風險完全分散更不可能下市，所以也沒想到要買其他的高股息 ETF。

我不會因為 00878 今年跌幅更小或 00900 今年股息殖利率更高，就「移情別戀」。如果每年都在計算三者誰優誰劣，然後不斷換股操作，或許最後會變成「抓龜走鱉」，搞得每年都做錯。

硬要說 0056 比 00878 和 00900 要好的原因，就是它規模僅次於 0050，最不可能因為規模縮小到 1 億元以下而下市。

買 ETF 圖的就是簡單，若常常拿來比較，不是就又回到選股的焦慮中嗎？

要不要參加 00878 或 00900 的除息呢？我覺得 00878 因為是季配，金額較小，填息機會較大。00900 要填息 1.2 元，以它 2022 年跌幅 20% 還輸給大盤來看，恐怕不太容易。若能輕易填息，或許我會開始買一些 00900。

我最後再強調一次，我不是因為 00878 或 00900 不好而不買它們，只是我沒必要做改變，因為 0056 也沒有什麼非賣掉不可的理由。

（本文原刊於 2022 年 8 月 12 日「方格子」訂閱網站「小資幸福講堂」專欄。）

3-3 如何搭配 0056、00878 和金融股？

存股族最主要的投資標的不外乎 0056、00878 和金融股。這一兩年，00878 的報酬率確實優於 0056，而今年金融股股利不如往年，讓很多人憂心，所以 00878 是唯一的選擇嗎？本文將提出不同的搭配方法供大家參考，請你自行決定該怎麼做。

這個題目很像以前考試的複選題，答案可能是一個，也可能是兩個，甚至是三個。投資當然沒有標準答案，只看適不適合自己。

如果只買一支，就不要「只」買金融股，不管是「只」買 0056 或「只」買 00878，其實都可以。

只買金融股，有產業過度集中和個股經營的風險，絕對不如風險相對分散的 0056 或 00878。

不過，0056 和 00878 還是有些差異。簡單來說，有以下兩點的差異：

一、產業比重：0056的電子股比較多，00878的金融股比較多。

二、選股邏輯：0056是「預估未來」股息殖利率高者，而00878則是「根據過去」股息殖利率較高者。

這時，就要看自己的投資偏好，再做決定了。

你若覺得單押一支，並不安心，想做搭配，那就剩下4種可能：

（A）0056+金融股（B）00878+金融股（C）0056+00878（D）0056+00878+金融股

以下就是我的看法，以及我心中的優先順序：

我不會選（B），因為00878已經有很多金融股了，比重也比0056高很多，所以沒必要再加上金融股。畢竟00878的成分股也有電子和傳產，可以稀釋金融股的產業風險。

我也認為沒必要選（D），理由同上，還不如乾脆就選（C），因為0056金融股比重不高，但00878卻很高，兩者都買可以讓產業風險更分散。

換句話說，如果你已經有買00878，可以同時也買一些0056，降低 00878 金融比重過高的風險。

但是如果你已經有買 0056，我會建議你選（A）。金融股 2023 年股利普遍不如往年，股息殖利率也肯定會下降，但這應該不會成為未來常態，所以可以趁除息後股價來到相對低檔時，進行一些布局，也順便改善 0056 金融股比重不高的問題。

如果你還是擔心金融股未來股價表現和股利水準，那就選（C）吧！

搭配的比例呢？如果是（A），我會建議 0056 和金融股的比例是 3：1。為什麼？還是考慮產業風險集中的問題。

如果是（C），你喜歡電子，0056 就多一點，但若你喜歡根據「過去」股息殖利率來選股，那就 00878 多一點。如果不知道自己喜歡什麼，就各一半吧！

（本文原刊於 2023 年 4 月 7 日「方格子」訂閱網站「小資幸福講堂」專欄。）

3-4 現在可以買反 1 嗎？

2022 年每次大盤從低點反彈，到相對高點時，就會有人問我：「現在可以買反 1（00632R），來賺大盤下跌的獲利嗎？」

先來介紹反 1 是什麼？簡單說，它和大盤走勢正好相反。大盤漲 1%，0050 幾乎也會跟著漲 1%，但反 1 相反，它會「跌」1%。反之，大盤跌 1%，0050 幾乎也會跟著跌 1%，但反 1 相反，它會「漲」1%。

2022 年大盤從最高點 18619 點，跌到最低點 12629 點，跌了 32.1%。反 1 則從最低價 5.01 元，漲到最高價 6.73 元，漲了 34.1%。漲跌相反，但幅度差不多。

如果你認為大盤會跌，你就可以買反 1。大盤跌越多，反 1 就會漲越多，你也會賺越多。

如果你認為大盤會跌，但結果卻錯了，這時買反 1 就會賠錢了。大盤漲越多，反 1 就會跌越多，你也會賠越多。

要賺反 1 的錢，就是你要正確判斷未來走勢是會下跌的。但請捫心自問，你認為會下跌的判斷一定 100% 正確嗎？

以 2022 年 7 月為例，大盤曾反彈到 15000 點左右。很多專家認為升息對股市長遠發展的影響非常大，一般來說都偏向悲觀。即使如此，你也不能 100% 確定會從 15000 點開始回檔。萬一「長期看跌」沒錯，但「短期卻續漲」到 16000 點才回檔，這時此段大盤漲幅會讓你的反 1 反而在短期內賠錢。

如果你判斷會漲到 16000 點才回檔，屆時才要買反 1，但卻是現在立刻開始回檔，結果也是賺不到錢。因此不只「趨勢」要看對，連「時機」也不能錯。

另外還有一個問題是，「時間」是反 1 最大的敵人，因為反 1 是期貨性質的 ETF，每天轉倉成本很高，絕對不能長期持有。

以下舉兩個例子：

（1）2018 年 10 月，指數在 9400 點的時候，反 1 股價是 13.89 元。2020 年 3 月，因新冠肺炎造成股災，指數跌到 8523 點，反 1 才漲回 13.94 元。指數多跌了 900 點，反 1 才解套。

（2）2020 年 11 月，指數來到 13969 點，反 1 股價是 8.44 元。2022 年 7 月，指數最低來到 13928 點，反 1 股價只有 6.34 元。指數相同，但經過一年多，股價卻少了 2 元。

有些人可能之前買的股票賠了很多錢，想透過買反 1 賺錢來彌補虧損，我認為還不如買 0056、00878，這樣既安全又肯定賺得到股息。

也有些人想說自己買了 0050，就買一些反 1 來避險。我認為是多此一舉。0050 就算套牢，還有股息可領，又不會下市。如果你買反 1，卻賠了錢，不就「賠了夫人又折兵」嗎？

我認為很難正確判斷買進反 1 的好時機。所以情願不賺，不要偷雞不著蝕把米。

（本文原刊於 2022 年 7 月 29 日「方格子」訂閱網站「小資幸福講堂」專欄。）

3-5 買 0050 需要避險嗎？

當大盤日 K 曾經小於 20，若依我的紀律，是到了可以進場的時機。不過，有人擔心會不會像 2022 年一樣，買了之後卻持續下跌，所以問我是否要進行避險，也就是同時買進反 1？看起來似乎很聰明，但真的有必要嗎？

或許有人不知道什麼是反 1，所以容我先解釋一下。它的代號是 00632R，全名是「元大台灣 50 單日反向一倍基金」，簡稱「反 1」。

0050 和大盤幾乎是同步走向，大盤漲 1%，0050 也會漲 1%；大盤跌 2%，0050 也會跌 2%。反 1 顧名思義，就是跟大盤正好相反，大盤漲 1%，反 1 卻跌 1%；大盤跌 2%，反 1 反而會漲 2%。換句話說，你若認為大盤會像 2022 年一樣一直跌，你就該買反 1，因為它會一直漲。但誰知道會不會這樣呢？

先來看看 2022 年的例子。當年 0050 從最高價 152.4 元一路跌到最低價 96.5 元，因為中間配了兩次股息，總共配了 5 元的股息，所以跌幅為 33.4%。反 1 正好相反，從最低價 5.01 元漲到最高價

6.73 元，漲了 34.3%。是不是正好相反？

事後來看，2022 年真的該買反 1，但當時有人曾預測股市會跌這麼重嗎？

有些投資專家曾建議過，當你買進 0050 的時候，可以同時買進反 1 來進行避險。

避險的意思就是當你買的 0050 下跌時，會賠錢，但你買的反 1 卻會上漲，讓你賺錢，可以彌補一些 0050 的虧損。因為你同時買，一定是一個會賺，另一個會賠，所以一定會讓你少賺，但當然也可以讓你少賠。這樣做，就是犧牲一些獲利來降低風險，但有必要嗎？

如果要做到「完全避險」，你買的 0050 的總金額，就要等於買反 1 的總金額。例如你買 100 萬元的 0050，就要買 100 萬元的反 1。結果呢？ 0050 的漲幅將會和反 1 的跌幅差不多，最後就是不賺不賠，唯一賺錢的是證券公司，因為它賺到了你的手續費。

因此應該不會有人真的做「完全避險」，而都是做「部分避險」，例如買 100 萬元的 0050，然後買 50 萬元的反 1。如果 0050 賠 10%，也就是賠 10 萬元，但反 1 會賺 10%，也就是賺 5 萬元，最後你只會賠 5 萬元。但如果相反呢？ 0050 賺 10%，反 1 會賠 10%，你只會賺 5 萬元。

我不會這麼做，因為 0050 就算買在高點，它每年都有穩定的股息可以領，其實沒有避險的必要。0050 長期持有，除非台灣出現非常重大的政治變局，否則絕對不可能下市，幾乎可說是穩賺不賠，又何必讓反 1 來稀釋長期獲利呢？

很多人擔心兩岸終須一戰，所以不看好台股的未來，但別以為戰爭會讓反 1 大漲，因為屆時大家都不要新台幣了，當然也會瘋狂賣出反 1，所以千萬別以為買反 1 可以讓你發國難財。

但如果你想透過買反 1，來降低你套牢 0050 的焦慮感，我希望你至少該做到以下這幾件事：

第一、不要想靠反1賺大錢，所以絕對不該長期持有。反1屬期貨性質，每日轉倉成本很高，一旦反1套牢，真的很難解套，而且它是沒有股息的喔！買反1一定要抱著「有賺就跑」的短線心理。

第二、0050和反1的比例最好不要小於2。也就是說買100萬元0050，絕對不要買超過50萬元的反1。還是同樣的理由：反1沒有股息，套牢風險遠遠大於0050。

第三、如果0050一直漲，反1就會跌。此時，請立刻停損反1，因為0050比較多，所以它上漲的獲利一定大於反1的虧損。停損反1，才能控制反1的風險。

第四、如果0050一直跌，反1就會漲，但請不要捨不得賣反1，還是要儘早獲利了結。你該有的心態是反1賺的錢，都是多賺的。你真正的獲利還是該放在0050。

（本文原刊於 2023 年 4 月 8 日「方格子」訂閱網站「小資幸福講堂」專欄。）

3-6
該不該買新上市的 ETF ？

常常有人問我，某某新上市的 ETF 可不可以買？因為我從來沒有代言過，我真的很難回答，所以只能請他自己好好研究，不要因為有知名的投資達人推薦就貿然去買。我想藉由下文來完整說明我的態度。

我絕不會說「某某新上市的 ETF 買了之後，一定會賠錢，所以不該買」，不然我跟那些代言人說「某某新上市的 ETF 買了之後，一定會賺錢，所以要趕快買」有什麼兩樣？

如果各位是美國職棒大聯盟球迷，就可能會知道一種流傳已久的說法：「棒球迷只有兩種，一種是洋基迷，另一種是非洋基迷。」ETF 也可以只分為兩種，一種是「0050 和 0056」（以下簡稱「國民 ETF」），另一種是「0050 和 0056 以外的」。

每一支新上市的 ETF，都必須用回測數據，顯示它們「過去」的投資績效是可以打敗國民 ETF 的。「高股息類」就必須打敗 0056，「其他」就必須打敗 0050，否則怎麼賣得出去？

但是「往後」的投資績效能不能打敗國民 ETF ？就只能留待

時間考驗了。所以當你面對新上市 ETF，真的必須好好研究，才能判斷未來是否還能持續打敗這兩支。判斷容易嗎？我認為非常不容易。基金銷售的警語「過去的績效，不代表未來獲利的保證」不就是在提醒大家嗎？

最近上市兩年多的 00878 在 2022 年確實賠得比 0056 少，就證明它至少在上市之後也能打敗 0056，所以才能得到投資人的信任，截自 2023 年 5 月止，其資產規模已經超過 1878 億元，直追 0056 的 1987 億元，和 0050 的 2713 億元。相較另一也算老牌的 006208 只有 490 億元，真的可以稱之為 ETF 界的「後起之秀」。

換句話說，任何 ETF 都該觀察個一兩年，才比較能確定它是只有「過去」打敗，還是可以「期待持續」打敗？如果未來 5 年，00878 年年都能打敗 0056，我就會開始買 00878。

這是第一個「不該買新上市 ETF」的理由。第二個呢？

我們先回到買 ETF 的三大目的：

第一、不用再選股

這是所有 ETF 最重要的優點，所以新上市 ETF 也符合，至少讓你不會再焦慮要買什麼個股。

第二、複製大盤

除了 0050、006208 有複製大盤的功能以外，其他其實都沒有。

就算 0056、00878 和大盤的連動性也不如前述兩支，所以這並不構成不該買新上市 ETF 的最重要理由。請特別注意，在台股中的各國 ETF 並不是真正複製該國的大盤喔！

第三、風險分散

這才是我認為不該買新上市 ETF 的唯一理由。因為 ETF 已成投資顯學，各家投信公司莫不視為金雞母，但是市值型已有 0050、006208，高股息型已有 0056、00878，再加上 00900，很難撼動它們的市場地位，只好推出各式各樣的「主題型 ETF」或是「金融商品型 ETF」。

雖然這些 ETF 也有「個股」風險分散的優點，但卻集中單一產業，因此欠缺「產業」上的風險分散。2022 年那斯達克跌幅相當大，台股中絕大多數的「主題型 ETF」都以電子股為主，當然也被嚴重拖累。

當初上市的時候，投資達人都會依據「投信公司提供的產業資訊」，把該產業的遠景描繪得讓人期待，結果現在呢？

「金融商品型 ETF」也有同樣過度集中該產業的風險，而且它們更具備「景氣循環」的概念。很多人因為 0056 有太多「景氣循環股」，所以才開始擔心，那更不該買新上市的「金融商品型 ETF」

我絕不是說買新上市 ETF 一定會賠錢，我只是說買 0050、

006208、0056、00878，已經能穩定獲利了，又何必去冒未知的風險去買新上市的 ETF 呢？

或許有人會反駁，現在買這些近一兩年才上市的 ETF，因為已經跌了一大段，獲利的機會當然大於當初上市時。我同意這一點，但如果因為股價重挫而被人拋售，導致它的資產規模越來越小，一旦低於 1 億元，小心一樣會下市喔！當它資產規模至少 100 億元以上，而且績效也很穩定（不一定非要打敗國民 ETF 不可），才入手也不遲。畢竟你會希望手上的 ETF 絕不會下市，所以等個一兩年再買也不遲啊！

（本文原刊於 2022 年 12 月 9 日「方格子」訂閱網站「小資幸福講堂」專欄。）

3-7
電動車拋錨了，怎麼辦？

有一個網友私訊我，說他買的電動車 ETF 帳上虧了很多，甚至比大盤跌幅還大好幾倍怎麼辦？你手上也有跌幅很大的ETF嗎？恕我無法一一回答各位，但我將藉著本文分享我對類似問題的一貫看法，希望能給各位一個參考。

我問他為何要買這檔 ETF ？他說因為大多數專家都看好電動車產業的未來，所以他就買了。

如果你身處該產業，因為你真的了解它的未來性，你當然可以買，或是你根本知道它的未來成長是被過度吹捧的，你也當然可以不買它。

如果你不在該產業工作，你怎麼可以只是因為聽別人說它好，就去買它呢？現在發現原來它不如專家說得那麼好，開始嚴重套牢，才來想說怎麼辦？如果你正處於這種焦慮的情形，或是擔心以後也發生類似情形，就請你繼續看下去。

我再問他是否期望這檔 ETF 能打敗大盤？他也承認他就是這個想法。

或許你也這樣想，所以你不買 0050，而去買了各種主題型 ETF。因為我都沒有研究，所以我想有些或許真的打敗 0050，也就是打敗大盤，有些就像 00893 遠遠落後 0050 與大盤。若你是前者，當然開心，若是後者，就會跟這位提問的網友一樣焦慮。

首先，我想請你問自己，你為什麼要買 ETF？如果是想打敗大盤，其實就不是買 ETF 的正確心態。ETF 最初設計的目的，就是要複製大盤，因為根據多年的研究，要打敗大盤的機率不超過 20%，所以只要能與大盤績效相當，你已經可以打敗至少八成的投資人。

Vanguard 是最早推出「指數型基金」（Traditional Index Fund）的投信業者。同業看到它非常成功，就推出可以和它競爭的 ETF（Exchangeable Trading Fund），結果現在 ETF 成了主流。0050 則是由元大投信在國內推出的第一檔指數型 ETF，結果也非常成功。競爭同業只好絞盡腦汁推出其他 ETF，而且都以打敗 0050 為最主要的目標。這些主題型 ETF 才應運而生。

國內原汁原味的 ETF，其實只有 0050、006208，和 006204（成交量太小），連 0056 這種強調高股息的 ETF 其實都不算。歷年台股 ETF 的績效排行榜中，006208 是和 0050 都只能算中後段班。大家當然希望錢賺越多越好，當然希望買到績效比這兩支更好的 ETF。

這種心態其實又回到了要打敗大盤的思維。這些主題型 ETF

在我看來，與「選股」沒有兩樣。買 ETF 本來是要追求不再選擇，結果這些主題型 ETF 又讓你走上選擇這條焦慮之路。

要買 5G ETF 比較好，還是該買電動車 ETF？元宇宙比較好，還是半導體比較好？這不是以前選股時的糾結嗎？或者你又會想起「個股輪動」概念，然後賣掉漲多的 A 主題 ETF，再換成還沒漲的 B 主題 ETF，結果又是抓龜走鱉。

你之所以加入 ETF 的投資行列，不就是不想再過以往選股的生活嗎？結果現在又要面對這麼多 ETF，不只有主題型的，還有其他國家股市的、各種商品型的、衍生性的，以前從 1800 支個股中來選股很難，現在要從 300 支 ETF 中來選，難道比較容易嗎？

近來很夯的韓劇《魷魚遊戲》中有一個過墊腳石橋的遊戲。剩下的 16 個人要通過一座玻璃橋走到對岸，但橋上一邊是一般玻璃，萬一踩上就會摔到萬丈深淵中而死，另一邊則是強化玻璃，可以安全前進。

選股的人就像在玩這個遊戲，你必須每一次都對，否則萬一買到最後下市的股票，你的資產就會歸零。ETF 即使下市，雖然還能分配殘值，不至於像個股會血本無歸，但你又何必給自己增添無謂的麻煩呢！

如果你要買主題型 ETF，就要用選股思維來買賣，那就是絕對不可以抱定「大不了套牢」的心態，而要嚴格執行「停損」的紀律，而且絕對不該用「逢低攤平」的方法，否則小心越攤越平，攤到躺平。一旦跌 10% 就該停損，跌 15% 就非停損不可。

停損完，千萬不要再以為可以打敗大盤了！只要和大盤一樣，你就是屬於股市中少數的贏家了。

（本文原刊於 2022 年 3 月 5 日「方格子」訂閱網站「小資幸福講堂」專欄。）

第4篇

台股「成也台積電，敗也台積電」

如果你還有資金，就可以逢低再買台積電，
就算是零股也可以，但不宜等待完全解套，而是先賺一點價差，
拿「實際獲利」來減少「帳面損失」。

我相信沒有人會否認，台積電是台灣股市最重要的股票，因為它的市值最大，對指數的影響也最大。

我也和大多數人一樣，相信台積電是台灣在國際市場上最有競爭力的公司，甚至它的存在現階段降低了台海發生戰爭的可能性，因此說它保護了台灣，也不為過。

近幾年來，它被投資人譽為「護國神山」，又有投資達人提到，未來股價有可能上看 1000 元，因此使它的股價從 2020 年 Covid-19 的最低價 235.5 元，一路漲到 2022 年 1 月的歷史最高價 688 元，當然也同時帶動大盤，從 8523 點漲到歷史最高點 18619 點。

即使不計算它每一季配發的 2.75 元股息，它的股價漲幅也超過 192%，遠超過指數的漲幅 118%。這段期間很多個股的漲幅都輸給大盤，甚至還可能仍在虧損中。

台積電應該也是台股中，資訊透明度最高的一家公司。它幾乎不曾出現突發性利空，但所有的利多也完全公開。俗話說「股價會說話」，這些利多就只能讓它的股價來到 688 元，然後就開始下跌了，當然也帶動指數從歷史最高點滑落，讓投資人面臨了 2022 年一整年的空頭走勢。

2022 年指數從最高點 18619 點，跌到最低點 12629 點，跌了 32.2%，但台積電從最高價 688 元跌到最低價 370 元，在不計股息配發的情形下，跌幅居然高達 46.2%。

多少投資人因為看好台積電會站上 1000 元，而在 600 元以上瘋狂買進，然後眼睜睜看著它跌破 400 元，就算認為它是台灣最值得信賴的公司，我相信套牢如此嚴重，心情肯定是不好受。

我曾在 2022 年 2 月和另一個知名的投資達人在節目上辯論「台積電股價會不會來到 1000 元以上？」他認為「會」，我認為「不會」。他的理由當然是看好台積電的成長性和它的國際競爭力，而我的理由很簡單，因為當時指數在 17500 點之上，大盤回檔的機會很大，台積電當然也會下跌，屆時要再上攻 1000 元，就會越來越困難。

猶記得當時在 PTT 版上，有個熱門的話題：「如果你有 200 萬元，該拿去買台積電，還是該拿去買房？」在所有財經作家或投資達人中，或許只有我支持該「買房」。

我的理由很簡單，因為「**房子是確定的，股票是想像的。**」

如果當時有人拿去買台積電，股價還在 600 元左右，可以買 3 張。後來跌到 400 元以下，3 張就賠了 60 萬元。如果拿去買房，或許也是買在高點，但房子還在，也看不出資產減損。

我一直希望投資人對台積電股價不該抱持太樂觀看法，因此甚至讓一些長期看好（或是長期套牢）台積電的投資人，對我非常反感。

當台積電一路下跌的過程中，又有投資達人提出台積電的合理價是 300 元。他的理由是台積電一年股息只有 11 元（2023 年 9 月以後，每季配息增加為 3 元），所以只有跌到 300 元以下，它的股息殖利率才會打敗通貨膨脹率。

關於這個看法，我也不同意。買台積電絕對不是想領「穩定的股息」，而是希望期待它的獲利成長性來帶動「股價上漲」。我認為要看到 300 元以下，可能要碰到 Covid-19 那麼嚴重的全球性利空，才有機會看到。

股價上漲，代表有價差可賺。所有期待「賺價差」的股票，都是因為充滿「想像空間」。上漲時，想得特別美好；下跌時，則越想越悲觀。台積電難道不就是這樣嗎？但至少不會讓人覺得未來無望。

後來它終於在 370 元處止跌。我在 2022 年 10 月 28 日「小資幸福講堂」的文章〈寫給台積電買在 600 元，和現在想買的人〉裡提到，台積電如果跌破 408 元，就算超跌了，只要在這個價格以下，真的就是相對安全的價格。（見本書第 219 頁至第 222 頁）果不其然，隔週還有看到 400 元以下的價位，之後就一路反彈了。

為什麼突然反彈？不是因為發布了營運大利多，而是股神巴菲特按美國法令規定，公布了他大舉買進台積電。股價當然受此激勵，又逢台積電股價已經跌了快 5 成，等於是「天時」和「人和」俱足。

不過，成也巴菲特，敗也巴菲特。沒想到他不到一季，就把台積電幾乎都賣光了，理由是「地緣政治風險」。消息一出，2023 年 2 月起，股價就從 546 元一路回檔，最多還曾跌破 500 元，比同時期的大盤還要弱。

原來台積電還有巴菲特何時會買賣的「內線」啊！這已經和台積電的「基本面」無關，純粹是「市場面」在左右股價。連台積電都有這種突發的利多和利空，其他個股當然就更常見了。如果你買的是 0050，就不會受到這種利空的嚴重影響了。

正因為如此，我在 2022 年也不斷勸投資人，真的不該堅信台積電「一張不賣，奇蹟自來」，而該透過短線賺取價差來降低持股成本。

如果你還有資金就可以逢低再買，就算是零股也可以，但不宜等待完全解套，而是先賺一點價差，拿「實際獲利」來減少「帳面損失」。

如果你沒有再進場的資金，那就先賣一些，就算是零股也可以，然後低檔再買回來，這樣「先賣再買」的「實際獲利」，也可以用來減少「帳面損失」。

一旦你的持股成本經過幾次短線獲利而降低後，你就更可以安心等待台積電站上 1000 元，否則你死守著 600 元的成本，永遠都會擔心是否有機會解套？

台積電因為股本非常大，主力作手很難操控，所以技術指標也有很高的參考性，其實也可以用 0050 的買賣紀律來操作：**日 K<20，買進；日 K>80，賣出。**

2022 年 10 月，台積電的日 K、周 K、月 K 都來到 10 左右，真的是進場的絕佳時機。

我建議短線賺取價差，絕對不是看壞台積電，只是不能因為「長期」看好它，就無視「短期」價格波動，可能帶來多數人難以避免的心理壓力。

因為台積電幾乎就是台灣最好的公司，我才會做以上的建議。對於其他任何個股，我絕不贊成「逢低攤平」，而是一定要嚴格遵守「適時停損」的紀律。

很多以選個股為主的投資人，都信奉一句話：「指數放兩邊，個股擺中間」，認為無論指數是漲是跌，只要選對個股，就一定能賺錢。結果呢？大多數時候都是指數漲，你的個股卻在跌。怪不得很多投顧老師經常怨嘆，台股指數是被台積電扭曲了，因為他們推薦的個股績效通常都不如大盤。

我每次聽到他們抱怨，都覺得很好笑。既然知道常常發生「指數漲、個股跌」的事，那買台積電就好啦！2003 年，台股推出了 0050 和大盤高度連動，也可以買 0050 啊！

大家慢慢理解大盤受台積電影響太大，而台積電又幾乎占 0050 成分股的一半，因此就有人主張「買 0050，還不如乾脆買台積電。」因為台積電如果漲 2%，0050 只會漲 1%。

很多人就問我，為什麼我還是情願買漲得慢的 0050 ？我都是這樣回答他們：「但是如果台積電跌 2%，0050 只會跌 1% 啊！大家不該只想到『獲利』，而不顧『風險』。」

我想這和每個人的個性有關。我比較保守，重視的是「風險」，所以在 2022 年資產減損的程度就比買台積電的人要小。

在多頭行情中，買 0050 肯定比買台積電賺得少，但台積電真的能永遠保持競爭優勢嗎？在半導體產業，我絕對相信幾乎沒有同業是它的對手，但這個產業會永遠存在嗎？

以往相機底片的無敵霸主是「柯達」，但人類已經都在用數位相機或手機拍照，幾乎沒有人在沖底片了。整個產業幾近消失，在這個產業裡的公司將無一倖免。你能保證，台積電在未來不會成為柯達第二？

萬一有一天台積電的市值無法進入台股前 50 名，被 0050 剔除了，但 0050 還是會繼續存在，不是嗎？

這是任何「個股」都會面臨的問題，台積電也不例外，但 0050 是投資組合，就排除了這種風險。

當年宏達電被譽為「台灣之光」，股價最高來到 1300 元，大立光也站上了 6000 元之上，如今呢？誰會想到宏達電會連年虧損？誰又會預測到大立光股價一度只剩下最高價的四分之一？

不過，要我在台積電和半導體 ETF 之間做選擇，我情願買台積電，不會買半導體 ETF。因為台積電是半導體產業最好的公司之一，但半導體 ETF 還有這麼多其他的公司，它們的經營績效多半不如台積電。台積電就算表現好，這種半導體 ETF 也會因為其他公司表現不好而被拖累。如果台積電受大環境影響獲利，其他公司難道還會好嗎？這種半導體 ETF 股價只會更差罷了。

我曾在 2022 年「小資幸福講堂」的第一篇專欄文章〈台積電大漲。是好事嗎？〉裡指出，當你看到台積電大漲時，可不一定是好事。（見本書第 207 頁至第 209 頁）很多主力要賣股票，一定會選在台股最瘋狂上漲時，也就是投資人最樂觀時。要指數大漲，當然要台積電帶頭大漲啊！

不只如此，外資的主要獲利來源其實是期貨。他們買進多單，當然需要股市大漲配合，所以他們會一路買台積電，因為他們的持有成本太低了，所以根本不在乎追價。他們若在期貨市場做空，就希望指數跌，就當然要賣出台積電來打壓行情。

如果台積電被外資當作是控盤的工具，你怎能期待它會一路輕輕鬆鬆漲到 1000 元呢？

絕大多數投資人還是喜歡「賺價差」，因為有想像空間，當然就比較吸引人，而台積電就是最有指標性的股票。如果連台積電都很難賺價差，或許該考慮以「領股息」來做為在台股獲利的主要來源，這時兆豐金所代表的金融股，就是你可以考慮的標的。

4-1 台積電大漲，是好事嗎？

2022 年第一週台積電一度大漲，從 2021 年收盤 615 元起漲，最高漲到 669 元，漲了 54 元。大盤同時間最高漲了 401 點。台積電每漲 1 元，指數大概會漲 10 點，因此台積電應該貢獻了指數 540 點，但指數卻只漲了 401 點。換句話說，若剃除台積電，大盤其實是跌了 140 點。該怎麼面對這個狀況呢？

因為台積電資本額大，股價又高，所以對指數的影響非常大，也常扭曲了指數代表的「平均」概念。遊戲規則如此，投資人只能去適應它，而不該抱怨它。

很多投資達人總是警告大家「別賺了指數，賠了股價」，但這種情形真的常常發生。不想面對這種遺憾，最簡單的方法就是買台積電啊！外資明白這個道理，所以把台積電買成外資企業，但國內投資人嫌它貴，以前還嫌它漲得慢，對它真是又愛又恨。等到它 2021 年初被譽為「護國神山」後，才蜂擁上山，結果很多人到現在還困在山上，下不來了。

該週最高漲到 669 元，離 2021 年高峰 679 元只差 10 元，或許前一批套牢者解套了，但又換了一批新套牢者。

如果手上有很低價的台積電，它大漲對你當然是好事，而且還打敗大盤，更是好上加好。但如果手上沒有台積電，雖然它大漲，但對你反而是壞事。怎麼說呢？

股市老手都知道，主力要出貨，一定要營造樂觀的氣氛。很多投機股票就是利用發布公司前景一片利多時，輕鬆賣出持股，收割韭菜，賺取暴利。

台積電當然不是投機股票，但外資想要賣出其他股票，就常常拼命買進台積電，然後股價大漲連帶造成指數大漲，就可以在其他股票價格正高時，順利賣出獲利。

外資的台積電持股成本非常非常非常低（因為真的很低，所以我用了三個「非常」），即使連續幾天買了這麼多 600 元以上的價格，對它的平均成本根本影響不大。

如果你手上沒有台積電，肯定會有其他股票，然後發現大盤大漲，但為什麼自己的股票卻下跌呢？這時，你就知道自己成了韭菜，被外資收割了。

該週大盤最後跌了 0.3%，但台積電就算從 669 元跌下來，最終收在 634 元，還是漲了 3%。

從高點 669 元跌到 634 元，跌了 5%，所以是個好買點嗎？所以隔週該追台積電嗎？

我提供以下兩個建議供大家選擇：

第一、別買台積電。因為一般投資人不可能真的知道台積電未來會怎樣？不要以為有些外資或投資達人喊台積電目標價會到1000元以上，就相信他們。所有目標價的預測都來自某種「假設」，一旦最後假設不成立，這些外資或投資達人就不必對目標價負責。

第二、不買台積電又不想放棄台積電可能帶來的投資收益，那就買台積電占比很高的ETF，例如0050。該週大盤最多漲了2.2%，台積電漲了8.8%，0050好歹最多也漲了3.5%。該週大盤最後跌了0.3%，0050還是受台積電上漲3%的幫助，最後漲了0.8%。這就應了那句台灣諺語「無魚，蝦也好」。

買0050，根本不必去研究台積電。別忘了，2021年0050的漲幅還略略贏了台積電喔！

第三、可以買台積電，但要利用短線進出來降低持股成本。如果因此將成本降到550元以下，甚至500元，當然就可以安心長抱台積電了。

（本文原刊於 2022 年 1 月 7 日「方格子」訂閱網站「小資幸福講堂」專欄。）

4-2 台積電會變成大立光第二嗎？

台積電近期自最高價 688 元一路下挫，讓我想到了大立光。大立光從 2017 年 8 月的歷史最高價 6075 元已經狂跌超過 70%。大立光當年受投資人肯定，一如今天的台積電，但現在早已光環不再。台積電有可能會變成大立光第二嗎？

大立光在 2017 年 8 月創下歷史新高時，台股指數剛剛站穩 10000 點之上。台股指數自此一路向上急攻，但大立光卻逆向而行，宛如一江春水向東流，一去不回頭。

大立光一度是 0050 第 3 名的成分股，現在已經一路後退，或許有一天就會被剔除在外。

另一個類似的案例就是宏達電，它在當年還被譽為「台灣之光」，但它從 1300 元歷史高價回跌後，就一直跌到 27.3 元才止住。

台積電在大立光創歷史新高的當月，股價不過 210 元左右。從當時算到 2022 年最高價 688 元，則漲了 227%（尚未把股息計入）。它應該不會變成大立光第二吧？

不過，當大立光開始往下修正時，曾有人預言它會跌破 1600 元嗎？當宏達電開始往下修正時，曾有人預言它會跌破 28 元嗎？所以絕對不能武斷地說「台積電不會複製大立光和宏達電的走勢」。

當然沒有人會希望看到「護國神山」山崩，因為萬一真的發生，台股走勢也會一路往下。如果你的台積電買在 600 元以上，建議你要繼續看下去。

觀察台積電會不會成為第二個大立光的最重要指標，就是它的毛利率能否維持，甚至繼續成長。

大立光走下神壇，就是它的毛利率從 75% 一路往下修正。大立光當時的技術遙遙領先同業和如今台積電的競爭優勢相仿。

科技的發展就是讓人類的生活更便利。不過大家現在的生活真的太方便了，所以我常懷疑未來新科技還能帶來多大改變？還能帶來多少便利？

毛利率下滑，一來是遭到同業競爭，二來是科技已經沒有太多更高端應用了。看來台積電不會發生第一點，但第二點就很難說了。

台積電和大立光都是資訊透明度很高的公司，所以很多未來利多或許都早已反映在股價上。2022 年 4 月 14 日台積電在法人說明會上，釋出的營收獲利數字遠優於法人預期，但當天它在美國的 ADR 股價卻是用重挫來回應。難道這是「利多出盡」嗎？

很多人說，既然台積電占 0050 持股比重高達將近 47%，那乾脆直接買台積電就好了。這樣一來，台積電所有獲利都能賺到，但買 0050 只能賺到一半而已。話是沒錯，但萬一台積電下跌時，0050 也會少跌一半喔！

如果台積電變成大立光第二，它占 0050 的持股比重也會逐漸減少，對 0050 的影響當然也就越來越小。

台積電會不會變成大立光第二？我真的不知道。就算最支持台積電的投資達人，也絕不敢對天發誓說不會。因為「我不知道」會不會，所以我就不要焦慮這件事，還是只買 0050。

現在來回答台積電買在 600 元以上的朋友，該留、該攤平，還是該停損？

如果你只是看媒體、聽投資達人說台積電好才買的話，我建議跌 10% 以上，就該考慮停損。如果你真的做過很多功課，相信台積電股價未來仍有很大的成長空間，當然可以留著它，甚至下跌時持續攤平。

如果你目前手上並沒有台積電，希望你未來想買進的理由不是「它已經跌了快 20% 了」，而是你「真正知道它是值得長期投資的好公司」。如果是前者，碰到它繼續下跌時，你會擔心「它會不會變成大立光第二？」但若是後者，你就不會焦慮了。

（本文原刊於 2022 年 4 月 22 日「方格子」訂閱網站「小資幸福講堂」專欄。）

4-3 現在該買台積電，還是兆豐金？

2022 年看到這麼多好股票的股價跳樓大拍賣，很多人都開始蠢蠢欲動想撿便宜。這時候，該買台積電還是兆豐金呢？

先說我為什麼挑這兩支做代表呢？因為這時候絕不能篤定說一定會反彈，萬一繼續下跌，買這兩支應該還是可以相對安心。畢竟它們每年都有配息，而且應該絕對不會倒閉。別說它們可能會倒閉，因為萬一真有這麼一天，新台幣恐怕也不存在了。

先來看看這兩支自 2022 年 1 月 1 日至 5 月 13 日的股價表現。台積電今年已經跌了 16.5%，若從最高價 688 元跌到最低價 505 元的跌幅則為 26.2%（以上計算都已加計 2022 年配的 2.75 元股息）。兆豐金居然還漲了 3.9%，但若從最高價 45.4 元跌到該週最低價 36.3 元，則是跌了 20%。

同期大盤的跌幅是 13.1%，從最高點 18619 點跌到最低點 15616 點，則是跌了 16.1%。

比較的結果是兆豐金狂勝大盤，更完勝台積電。你會因為兆豐金強，所以認為該買兆豐金？還是因為台積電跌太多了，所以認為該買台積電呢？

投資看個性

買股票絕對不該只看股價，而是該看你的投資屬性。

有些人喜歡買「成長股」，因為對公司前景抱有很大的期望，認為未來股價有成長空間，最具代表性的股票就是台積電。當它大漲時，投資人都將它視為「護國神山」，但它的股價開始一路下滑時，投資人的信心也大幅動搖。其實它的基本面沒有任何改變，甚至表現還比預期好，但股價就是反其道而行，關鍵在於大家開始懷疑它真的有這麼好嗎？

成長股的成長空間其實充滿想像，有時想得太好，有時又看得太壞。以前的宏達電、現在的大立光，莫不如此。大家開始想：「台積電會不會步上它們的後塵？」

你若覺得此刻該買台積電，究竟是基於你的「充分了解」還是「聽專家說」，或者只是因為「跌多就是最大的利多」呢？

有些人喜歡當「存股族」，追求的是穩定的股息收入，重視的是「股息殖利率」，最具代表性的股票就是兆豐金。它們成長性不大，所以股價很牛皮，相對來說，股息殖利率就變動不大。

沒想到 2022 年兆豐金股價居然很活潑，一度漲到 45.4 元，漲幅高達 27.7%，即使最近大跌，至 5 月 13 日還漲呢！大漲的結果就是股息殖利率大跌，以前都在 5% 左右，一度只剩下 3.6%。所幸最近有下跌，若以當天收盤價 36.95 元和 2022 年預計配發 1.65 元（現金股利 1.4 元以及股票股利 0.25 元）來算，股息殖利率終於回到 4.5% 左右。

「現在該買台積電，還是兆豐金？」這個問題是沒有標準答案的。若要問我的答案，我會說「兆豐金」。理由是美國升息和通貨膨脹到底會影響全球股市多久，我相信沒有人知道。既然如此，**我情願選「確定有比較滿意的股息殖利率」的股票，而不會去期待「未來不確定的成長性」。**

或許有人說現在根本不該進場，無論是台積電或是兆豐金都不該買，因為一定還有更低的價格，現在買肯定會套牢。我也不敢反對以上的看法，因為我真的不知道還會不會一直跌下去。

不過，我認為一直觀望的人一定會錯過低點，而且就算股價再低，他們也不會買，只敢放定存，然後默默被通貨膨脹率吃掉現金購買力。最糟的是，當未來不跌反漲之後，這些人會在按耐不住之下被迫追高，然後又回到「追高殺低」的賠錢宿命。

我認為在大跌中絕對不可以認為「現金為王」，而該適度「參與市場」。你若真的擔心還有低點，但又害怕現在就是低點而錯過，0050 或 0056 就是可以考慮參與市場的標的。

喜歡買「成長股」的人可以考慮 0050 或 006208；想做「存股族」的人，可以考慮 0056 或 00878。

（本文原刊於 2022 年 5 月 13 日「方格子」訂閱網站「小資幸福講堂」專欄。）

4-4 不要再買台積電了？

很多人問我：「台積電會回到600元嗎？」但已經沒人問「它真的會到1000元嗎？」提問的人可能是希望能等到解套之日，或是希望逢低買進攤平。但從最近台積電連500元都很難站穩來看，我已經不相信它會站上1000元，甚至連600元都很難站回去了。

這篇文章的標題最後用的是問號「？」但我的結論，將會是句點「。」

我當然不是建議所有的人都不要再買台積電了。哪些人還可以買呢？

第一、你在台積電上游供應商或下游客戶處上班。

第二、你就是台積電員工，但可能還必須是非常高階的員工。

第三、你能直接和台積電高層主管見面，掌握第一手的資訊。（但台積電以公司治理嚴謹著稱，所以大家能得到的資訊恐怕都是一樣的）

如果你符合以上任何一種條件，代表你有充分的資訊，可以自己判斷該不該再買台積電。

如果你只是看了很多台積電相關報導或研究報告，就自以為「了解」台積電的話，就該對「該不該再買」這個決定多多三思了。

我不建議大家再買台積電，絕不是只看「技術面」，而是因為台積電「基本面」並沒有任何惡化，但股價已經停滯不前了，也就說股價已經充分反映它的基本面了。如果再漲，都只是反映大家的「想像」。

台積電 2022 年 1 月曾大漲到 688 元，可能是因為大家「過度」期待台積電會比當時的基本面還要更好，所以大家願意拼命追高。後來發現想像破滅了，股價當然就會回到「相對」合理的位置，看來就是 450~500 元。

如果是因為想像破滅導致股價下跌，我認為至少 450~500 元就是底部了，但萬一是有什麼一般人還不知道的「利空消息」，那當然就還有繼續下跌的空間。

有專家說，台積電跌到 300 元才能進場，因為它一年股息約 11 元，這樣股息殖利率才能超過 3%，也才能對抗通貨膨脹率。但我認為買台積電是買它的「高度成長」，而不是買它的「穩定股息」，所以根本不該用這個角度來看台積電的投資價值。如果要等到 300 元才進場，我認為是一種「取巧」的建議，其實跟我說「不要再買台積電」的意思是一樣的。

如果你現在手上有台積電，而且持股成本超過 550 元，我的建議是等到台積電日 K>80 的時候認賠停損，這筆錢可以去買 4 張 0050，因為風險分散，所以即使套牢也相對安心。此時我不會建議你逢低再進場攤平。

如果你持有的台積電成本在 500~550 元之間，解套機會比較大，就耐心等解套或小賠出場，然後也拿去換 4 張 0050。此時我也不會建議你逢低再進場攤平。

如果你持有的台積電成本在 500 元以下，就別過度期待利潤，見好就收吧！然後也拿去換 4 張 0050。

如果你手上沒有台積電又很想買的話，就等台積電日 K<20 再買，然後等日 K>80 就賣，做「短線差價」就好，別期待「長期持有」，更別期待會看到 1000 元。

不買台積電，還有 0050 或 006208 可以買啊！但我不會建議你去買半導體相關 ETF。如果台積電不好，這些 ETF 還會好嗎？

（本文原刊於 2022 年 9 月 3 日「方格子」訂閱網站「小資幸福講堂」專欄。）

4-5 寫給台積電買在 600 元，和現在想買的人

我先說結論，現在當然可以買台積電，但不要期待會一路反彈到 600 元，連 2022 年 5 月 31 日爆大量收在 560 元都很難越過，而且我也不相信它會站上 1000 元。套在 600 元以上的朋友該怎麼辦呢？

為說明方便起見，我先假設有位 A 先生用 650 元買了一張台積電。希望他不要一路向下攤平，例如他後來在 550 元、450 元又各買了一張，結果用 2022 年最低價 370 元計算，虧了 54 萬元。（暫時不計手續費和證交稅）

$$（（370 \times 3）－650－550－450）\times 1000＝-540000$$

如果他不攤平，其實只賠了 28 萬元，反而不會賠那麼多。

（370 － 650）× 1000 ＝ -280000

我常說，任何個股跌 10% 都該停損。如果他停損，也不會虧到 28 萬元。假設在跌到 585 元停損，賠了 65 元。就算他在 550 元又買進，但再度在 495 元停損，又賠了 55 元。然後又買在 450 元，還是停損在 405 元，又賠了 45 元。這樣總共賠了 16 萬 5000 元，比 28 萬元少喔！

（-65 － 55 － 45）× 1000 ＝ -165000

由上面算式，你會發現「攤平」最糟糕，「不管它」就算套一張也還好，但「停損」卻能讓虧損最少。

你是屬於哪一種人呢？

堅信台積電會上 1000 元的人一定相信現在當然可以買，但像我這種連站上 560 元都覺得不容易的人，為什麼也認為現在可以買呢？

台積電在 2020 年新冠肺炎造成極度恐慌的時候，最低跌到 235.5 元，然後在 2022 年來到最高價 688 元，相差了 452.5 元。如果用最簡單的黃金切割率（請自行 google）來看，回檔不該跌破 0.618 之處，也就是不該跌破 408 元。

688 － 235.5 ＝ 452.5

452.5 × 0.618 ＝ 280

688 － 280 ＝ 408

基本面不佳的公司當然會跌破 0.618，但台積電幾乎就是台灣最好的公司，會跌到 370 元，真的叫「超跌」了。

只要在 408 元以下，我認為當然可以買台積電。除非你知道台積電有些利空還未公開，才不該買。

2022 年 10 月時，台積電的周 K 在 10、月 K 在 12，真的是難得一見的低點了。不然你也可以「吃人夠夠」，等到日 K 也小於 10 再買吧！

如果 A 先生就是只套牢一張台積電在 650 元，假設用 380 元再買一張，平均成本為 515 元。要等到 515 元才解套賣出或一直等到 1000 元才賣嗎？我的建議是不要那麼樂觀。

我建議在台積電日 K>80 的就該賣一趟，或最多等到季線當時在 450~460 元左右就該賣了。不要錯過賣點，再來後悔。假設賣在 450 元可以賺 70 元，A 先生的成本就可以降到 580 元，壓力就會減輕一些。

450 － 380 ＝ 70

650 － 70 ＝ 580

如果你的錢已經不夠買一張，那麼買零股來賺價差也可以啊！

利用短線賺一些價差，藉此降低原先持有成本，是 A 先生和所有台積電套在高價的讀者，目前最好的操作策略。

要等到 450 元才賣或是非等到 560 元不可？那就請你自己決定了。

如果你目前手上沒有台積電，現在買在 380 元，已經比 A 先生的成本低了 270 元，你更可以安心等它到 560 元，甚至你現在開始相信它會到 1000 元，你也比 A 先生更有本錢耐心地等待。

（本文原刊於 2022 年 10 月 28 日「方格子」訂閱網站「小資幸福講堂」專欄。）

4-6 為什麼巴菲特要賣台積電？

2023 年台股最震撼的新聞莫過於巴菲特居然賣了台積電，而且賣了他持股的 86%。巴菲特是看壞台積電嗎？不然怎麼 2022 年才買了幾個月，在 2023 年就賣了呢？

巴菲特不是說過「如果你不想持有一檔股票超過 10 年，你連 10 分鐘都不該持有它」嗎？他這一次短時間賣出不就是自打嘴巴嗎？所以有人說不是他要賣，而是他的波克夏公司要賣。

不管是不是他要賣，至少他絕對知情，所以不能說和他完全無關。我相信很多台積電鐵粉無法接受他會賣出。也有人說，巴菲特又不是神，他也可能會犯錯，因此相信他這一次肯定是錯了。

為什麼巴菲特要急著賣掉台積電？看來只有他和他的團隊知道，其他任何投資專家都只可能提出他的「猜測」，我當然也不例外。不過我也不想猜測，我只想老實說「我不知道」。

我其實想透過這件事來分享我最重要的投資理念，那就是——所有人都不可能知道主力（如巴菲特）「何時」要賣出某支個股以及他「為什麼」要賣。一旦他賣出，你事後才知道，也只能事後去猜測原因，而這正是買賣「個股」最讓人焦慮的地方。

股市有句至理名言「股價會說話」，因此很多人情願相信技術分析，認為各種技術指標更能反映股價漲跌的原因。不過技術指標的最大盲點，在於很多個股股本不大，容易受到市場主力大戶操控，技術指標根本完全失靈，因為籌碼集中在他們手上，他們要它漲，它就漲，要它跌，它就會跌。

台積電本來是沒有任何市場主力大戶會去買它，但巴菲特公布他買進台積電時，台股投資人就把他認定是可以「追隨」的市場主力大戶，因此在沒有任何基本面變化的情形下，股價短短幾天就一飛衝天。

台積電股價自此「成也巴菲特，敗也巴菲特」。當時股價回檔，難道有任何基本面的變化嗎？並沒有啊！

這也就是我只買 0050 的原因。因為不可能有主力會買 0050，連巴菲特都不會買，所以你根本不必知道「有人」何時會賣，也不必知道「有人」為什麼要賣。我所說的「有人」不是指「某一個人」，而是指「不特定的人」，真的就應驗了那句話「股價會說話」。

因為 0050 的股價根本不可能被人為操控，所以技術指標就相對具有參考性。我想大家都知道，我買賣 0050 的紀律就是「日K<20，買；日 K>80，賣」。這個紀律這兩年常被人批評大漲時賺不到所有的漲幅，大跌時照樣會套牢。那麼今年這個方法還有效嗎？另外也有人問「若採定期定額方式買進，也要賣嗎？」

我必須先聲明，不可能有一個方法能 100% 掌握買賣點，所以只要大部分時候有效，就值得讓自己有所依循。如果沒有一套「紀律」，那麼每一次的決定不都是用「猜測」的嗎？

這個紀律遇到 2021 年大漲接近 3500 點，2022 年大跌超過 4000 點，確實會失靈，但台股很少發生類似這兩年一路大漲或一路大跌的行情，因為大部分時候都是區間盤整的行情，所以這套紀律比較能掌握到相對低點和相對高點。

如果 KD 指標完全沒效，它也就不可能廣為流傳了。

如果日 K>80 時，0050 股價已經比你的平均成本高，我建議你該解套出場。

如果每次日 K>80 時，0050 股價還是比你的平均成本低，我想你也沒必要認賠出場，繼續套牢領股息。不過希望你每次日 K<20 的時候都該進場，這樣可以讓你的平均成本逐步降低。

如果是定期定額，我倒不建議你採用這個紀律，因為每個月扣款日不一定會碰到日 K<20，所以很可能碰到日 K>80 的時候，也不一定處於獲利的情形。

我相信會用定期定額方式的投資人應該都是小資族。碰到日 K>80 時，就算已經有獲利，但金額一定不大，沒必要獲利了結。**定期定額該追求長期投資的獲利，而不是為了賺短線價差。**

（本文原刊於 2023 年 2 月 20 日「方格子」訂閱網站「小資幸福講堂」專欄。）

第5篇

錢存銀行，還不如買銀行股票

你會選擇把錢放銀行，是因為銀行不會倒，
那麼你為什麼不買銀行的股票呢？
它每年配給你的股息大概都有利息的好幾倍。

我常常在旅行途中被同團成員認出來是「樂活大叔」，當然免不了會被問一些投資相關問題。但因為能講的時間有限，我會用最簡單的方法來讓對方理解。

我總是先問他們：「你有把錢存在銀行裡吧？為什麼你敢把錢存在銀行？」

得到最多的答案就是「銀行不會倒啊！」

我就會接著回答：「既然銀行不會倒，你為什麼不買銀行的股票呢？它每年配給你的股息大概都有利息的好幾倍。」

然後我會舉兆豐金為例，問他們：「兆豐金會不會倒？」

他們都相信兆豐金不會倒。但我會開個玩笑：「兆豐金會倒喔！但到時候台灣也倒了。」

兆豐金 2022 年底收盤價 30.35 元，買一張要花 30350 元（暫時不計手續費）。把這筆錢存在兆豐金，定存利率 1.1%，一年後你會拿到 333 元利息。2023 年兆豐金配 1.24 元現金，加 8 股股票，一股用 30 元算，值 240 元，合計可領 1480 元，是利息的 3.4 倍。別忘了，這是兆豐金歷年來最低的配息水準。

時間有限，我沒辦法把 0050、0056 講清楚，但只要他們理解後，至少敢開始買金融股股票，就不會只敢存定存，因為這樣一定越存越窮。

這幾年演講，我都是從兆豐金開始講起，就有人在台下好奇，我以前不是只講 0050、0056 嗎？這是因為有一次演講完，有個老先生趨前小聲問我：「我完全聽不懂 0050、0056，我就買金融股，可以嗎？」我才赫然發現，原來還是有人對這兩支國民 ETF 非常陌生，甚至無法理解，我這才決定日後都用「金融股」來開場，然後再以兆豐金來舉例。

大部分的金融股都符合「幾十年來每年都有穩定配息，又大到不會倒」安心套牢的條件，而且股價都在 50 元以下，真的非常適合拿來當作存股「領股息」的標的。

一般主張賺價差的投資專家最常恐嚇存股族，小心「領了股息，賠了價差」，也就是說只要不填息，其實只是把你的錢領回來而已。

如果一年不填息確實是如此，但只要每年都有配息，即使好幾年不填息，但總有一天會還本啊！以兆豐金 2022 年底收盤價 30.35 元為例，只要每年配 1.5 元，20 年後就能總共領回 30 元，不就幾乎還本了嗎？然後可以一直領股息到你往生，之後還可以讓子女繼續領下去。

兆豐金 2023 年的配息接近 1.5 元，之前幾年都不只 1.5 元，所以 20 年應該可以說是最長的還本年限。

20 年後難道兆豐金股價會歸零嗎？絕對不可能！它還是很有價值啊！ 20 年還本已經是一個最極端的風險狀況，絕不可能更差了。

很多投資達人說我預測兆豐金要 20 年才會還本，還說我沒有把通貨膨脹率考慮進去。前者是對我的說法斷章取義，後者的論點是說難道有任何賺價差的方法，可以確定打敗通貨膨脹率嗎？

投資達人還常常警告大家：「國內外有很多銀行都倒閉了。」沒錯，2008年全球第四大的投資銀行雷曼兄弟倒閉造成了金融海嘯；2023年矽谷銀行也倒閉了；國內也曾有中興銀行、中華銀行倒閉的實例。

但是國內有這麼多銀行股票上市，你難道不能買規模比較大、經營比較穩健的嗎？有些國內銀行確實不符合我說的「大到不會倒」的條件，但官股金控總不至於倒閉吧？你能想像兆豐金、第一金、合庫金、華南金倒閉嗎？國內兩大壽險龍頭的富邦金和國泰金如果倒閉，恐怕就會釀成台版的金融海嘯了，屆時台股所有股票都會暴跌。

2022年是金融股近年來最黑暗的一年，因為防疫險理賠金額龐大，加上美國聯準會升息導致債券價格暴跌，使絕大多數金融股獲利都大幅衰退，當然也影響到2023年配息，創下近幾年來最低紀錄。

獲利衰退當然對股價影響很大。以兆豐金為例，2022年最高還來到45元以上，甚至大盤開始下跌時，它一開始還逆勢上漲，然後至少相對抗跌。後來因為利空消息不斷出現，股價也像溜滑梯一樣，一路下跌不回頭，最低跌到29元以下。

在2023年初，很多投資達人還鐵口直斷，金融股當年配息將嚴重衰退，兆豐金預估只有1.1元水準，合理股價剩下20元出頭。

玉山金是2023年第一家宣布配息的金融股，果然讓大家非常失望，股價在宣布隔天大跌，但兆豐金並未受到它的影響，股價還是緩步回升，跌破一堆專家的眼鏡。

不過後來居然有好幾家宣布不配息，我認為這幾家暫時就不應該列入你的金融股存股名單，因為它們已經不符合「每年穩定配息」的條件。

防疫險以後絕不可能再銷售，當然就不會再有理賠。美國聯準會升息總會結束，債券價格就會回升，2022 年的債券虧損就會回沖。基於這兩個理由，大部分的金融股的獲利和股價在 2022 年就應該已經是谷底了。

很多金融股宣布令人失望的配息水準之後，或許可以視為「利空出盡」。

金融股另一被投資達人詬病的缺點就是「成長性差」。大家都知道，買股票要買有高度成長性的公司股票，這樣股價當然會上漲，所以怎麼可以買預期沒有什麼成長性的金融股呢？

關於這一點我不否認，因為「成長性差」當然代表「股價上漲不易」，但大多數金融股「獲利穩定性高」，卻又代表「股價下跌不易」，因此股價波動性也就不大。

買金融股圖的是「領股息」，當股價波動不大時，隨時買都沒什麼太大的差異，對投資人不是更好嗎？如果像台積電這種預期有高度成長的股票，何時該進場？一定讓人很焦慮。但買金融股，可能過了兩三個月價格都差不多，任何時間買都一樣，當然就安心多了。

只要心中想的是股息，因為股息殖利率更高，當然就比較願意在低檔買進。我再以兆豐金為例，2020 年 3 月 Covid-19 恐慌最嚴重的時候，兆豐金曾跌到 27 元以下。假設你用 27 元買進，若以前一年配息 1.7 元來算，股息殖利率為 6.3%，其實很不錯。若你當時買進，抱牢不賣，到了 2023 年回到 17000 點之上，兆豐金股價也來到 38 元。此時帳上賺了 11 元，還要加上 2020-2022 年的現金股息，分別是 1.7 元、1.58 元和 1.4 元，合計 15.68 元。別忘了 2022 年還有配 25 股零股，股價就算只用 30 元算，也值 750 元，換算股利為 0.75 元，因此合計 3 年賺了 16.43 元，報酬率為 60.8%，難道不好嗎？

繼續持有兆豐金，2023 年又可以領到 1.24 元現金股利和 8 股的股票股利。

我真的不知道買金融股然後每年領股息，是有什麼地方不好了？你賺價差，3 年來有打敗兆豐金的 60.8% 嗎？或是其實你是賠錢的？

也許你會反問我，如果是在 2022 年第一季一路大漲過程中買的呢？我曾在當時的「小資幸福講堂中」寫了 4 篇最即時文章。第一篇寫在一路漲到 37 元時，第二篇寫在續漲到 41 元時，我當時都認為「還可以買」，但重點是「該怎麼買？」。我當時建議往上繼續買，一旦下跌就買更多。第三篇寫在漲到 45 元時，建議不要追了，甚至如果你的成本很低，也可以考慮獲利了結。第四篇寫在跌到 36 元暫時止跌時，我也認為進場無妨。（見本書第 236 頁至第 248 頁）

到了 2023 年 6 月，兆豐金回到 38 元。如果你真的在下跌過程中持續買進，再將領到的現金和股票股利算進去，應該已經轉虧為盈了。

當然不是每一支金融股都可以買。最起碼一定要符合「每年都穩定配息，以及大到不會倒」的原則，如果不能同時符合就完全不要考慮。

有人會說，該去買曾經虧損嚴重導致股價大跌，後來卻轉虧為盈的「轉機股」。或許這樣做可以賺到很大的價差。但我認為買金融股該想的是「股息」，而不是「價差」，這樣相對安心。

我認為「非金控股」都比較不符合「大到不會倒」這個條件，因為它的業務過度集中，不像金控股都涵蓋了銀行、保險、證券三大業務，風險相對比較分散。

剔除無法同時符合這兩個條件的金融股後，只剩下「官股金控」和「民營金控」兩類了。

官股配息最大方，因為政府需要股息收入挹注國庫，所以會盡可能把獲利都配發出來。民營因為還希望繼續擴展，所以會保留比較多獲利，讓投資人對未來成長及股價有更多的期待。

官股經營相對保守，重視風險，所以不易見到獲利大幅成長。民營經營比較積極，所以有機會看到獲利與股價齊揚。

以上兩點，就要請大家依照自己的投資屬性來做選擇。不過，民營金控有一個較大的風險，是來自董事長個人。如果董事長有超強的經營能力，股價當然會有所表現，這是有利的一面。絕大多數的民營金控都由台灣的幾大家族投資，一旦董事長的健康突然出了問題，或是家族成員內鬥，甚至牽涉訴訟或八卦緋聞，對企業和股價就會有很大影響，這是不利的一面。官股金控董事長都是官派，萬一發生上述情事，立刻撤換即可，對股價影響甚微。

如果有人以前從來都不敢買股票，買金融股就是他踏入股市最好的第一步。不過我得修正一下，應該將「金融股」範圍縮小到「金控股」。

關於金控股，其實可以跟 0056 的投資策略一樣：「隨時都可買，買了忘記它。」心中只想領股息就好，漲也不賣，跌了更該繼續買。

以兆豐金為例，就算你買在 45 元以上，只要你持續往下買，一定會使平均成本降低。為什麼可以持續往下買？因為它絕不可能倒閉下市。

兆豐金自 2022 年最高價 45 元以上一路下滑，直到跌破 29 元才止跌。如果你在 45 元買一張，當跌到 44 元時你再買一張，跌到 43 元時你持續買進一張，然後每跌 1 元買一張，直到 29 元都照紀律這樣做，你總共花了 62.9 萬元買了 17 張，你的平均成本將是 37 元。

2022 年 8 月配息 1.4 元，配股 25 股。除息前，最高買在 45 元，最低買在 34 元，總共買了 12 張，可領 1.68 萬元。

1.4 元 × 12000 股 = 16800 元

把領到的 1.68 萬元作為買進成本 62.9 萬元的減項，成本降為 61.22 萬元。

62.9 萬元 − 1.68 萬元 = 61.22 萬元。

你照紀律總共買了 17 張，別忘了 2022 年 8 月還配了 300 股，所以你現在總共有 17300 股，此時平均成本降為 35.4 元。

17000 股 ＋ 300 股 ＝ 17300 股

612200 元 ÷ 17300 股 ＝ 35.4 元

2023 年 5 月 17 日兆豐金收盤 35.6 元，你就已經解套了。

你可以用同樣的方法來算每一家金控股的平均成本，看看是否解套了？如果已經解套，就真的可以將它列入投資名單。

金控股根本不怕下跌，就怕你不敢買而已。

最後，我要用一句話來堅定你長期持有金控股的決心，那就是——「誰說買股票一定要賣股票？」

5-1 兆豐金一直漲，還能買嗎？

2022 年的前兩週，很多人發現兆豐金最近已經不再是印象中的「牛皮股」了。它居然從 35.55 元漲到了 37.45 元，漲了 5.3%。以前大家都說 32 元就是它股價的天花板，沒想到現在居然來到 37 元以上。最近很多人問我，兆豐金還能買嗎？

真的不要小看兆豐金了。跟它股價本來非常接近的 0056，從 33.58 元「跌」到了 33.15 元。大盤從 18218 點漲到 18403 點，漲幅只有 1%。和大盤最接近的 0050 從 145.5 元漲到 150.3 元，漲幅是 3.3%，還輸給兆豐金喔！

大家本來以為穩穩可以每年領到兆豐金 5% 的股息殖利率，但因為它最近一直漲，現在股價漲到了 37 元，看來已經賺不到 5% 了，所以很多人就會擔心「現在還能買嗎？」

我斬釘截鐵說：「還能買」，但問題是「怎麼買？」

我們先回到很多人買兆豐金的初衷，應該是「領股息」，而不是「賺價差」。既然如此，我們應該是要拿「股息」和「利息」來做比較。假設你用 37 元股價買一張兆豐金，要花 37000 元，就算用去年的股息 1.58 元，也能領到 1580 元的股息，比起利息只能領 0.8%，也就是說只能領到 296 元的利息，還是多很多啊！也是利息的 4.33 倍啊！所以當然還可以買，只是大家都想用更低的股價來買。這是人性，很難克服。

首先要克服的是「價差」的迷思。相對以往動都不動的股價，大部分的人都認為 37 元很貴，所以認為股價下跌的機會很大。既然會跌，不就會賠嗎？

股價當然可能跌，但你不賣，不就不會賠嗎？為什麼要在兆豐金股價下跌的時候賣它呢？除非你急需用錢，才會要賣它，否則就抱牢每年領股息，因為它幾乎不會倒閉下市。萬一它真的有一天倒閉下市，台灣股市大概也灰飛煙滅了。

怎麼樣可以不必賣股求現？那就是要留下一些生活緊急預備金，也就是很多專家常說的「要拿閒錢來投資」。

第二要克服的是，不要自作主張，等它跌下來再買。萬一一直等不到，你不就買不到了嗎？買不到，你不就領不到股息了嗎？

我從不認同很多投資達人算出來的個股「合理價」，因為絕大部分都等不到，而且都是把 10000 點當作大盤「合理指數」。投資達人對價格都不敢做積極建議，因為只要投資人買不到，就不會被套牢，他們就不會挨罵。

我的方法是絕對不要一直等待，但我或許會被罵。以下是我對三種財務狀況提出的建議：

一、**小資族（買不起一張的人）**：用定期定額的方法。例如每個月扣5000元。

二、**中資族（買得起好幾張的人）**：跌越多，買越多。例如37元買一張，37.5元繼續買一張，38元再買一張，然後以上每隔0.5元還是買一張。跌到36.5元買兩張，跌到36元買三張，跌到35.5元買四張，然後每跌0.5元就多買一張。

三、**大資族（至少有100萬元可動用資金的人）**：用一年的時間把它買完。例如你有180萬元，每月平均買15萬元，再用37元的股價來算，每個月大概可以買4張。因為是用一年的時間來買，不可能都買在37元，有時會高一點，有時會低一點。這其實也是一種「定期定額」的方式。

第三要克服的是，就是不甘願用這麼高的價格買。如果真的不甘願，也可以買別的歷年股息殖利率都有 5% 以上的其他金融股。我為什麼不說「其他個股」而說「其他金融股」呢？因為金融股受到國家嚴厲管制，要倒閉下市的機會真的微乎其微，但其他電子股或傳產股相對風險就比較大。

如果你真的不想再買兆豐金了，那還可以買 0050、0056 啊！或是你既買兆豐金或其他金融股，同時也可以買 0050 或 0056。

（本文原刊於 2022 年 1 月 14 日「方格子」訂閱網站「小資幸福講堂」專欄。）

5-2
兆豐金啟示錄

兆豐金在 2022 年 3 月 18 日盤中最高 40.8 元，最後收 40.45 元，連我自己都嚇一大跳，它居然站上了 40 元大關。你可能想問：「現在還可以買嗎？」這個問題不是是非題，而是問答題，我將從「該不該買兆豐金？」這個角度來為大家解惑。

大盤跌了 4.2%，但兆豐金在同一期間不只沒跌，還漲了 13.9%，這完全顛覆了以往絕大多數投資人對它的印象。為什麼？

因為大盤到了高檔，很多股票也創了新高，大家居高思危，不敢再追了。後來，這些大漲的股票在俄烏戰爭中開始大跌，大家不知道該買什麼股票，所以類似兆豐金這種高股息殖利率股票，就成為大家選股首選。例如 0056 在同一期間也是不跌反漲，漲了 1%。

我曾在 2022 年 1 月 14 日的專欄文章〈兆豐金一直漲，還能買嗎？〉裡，斬釘截鐵說「還可以買」。當時「才」37.45 元，但我不是因為判斷會上看 40 元，才說還可以買。我的立論是就算 37 元以上了，它的股息殖利率還是能完勝定存利率，而且可以打敗通貨膨脹率。

如果你看完那篇文章就去買了兆豐金，現在肯定很開心。如果你當時還想等跌下來再買，結果至今還是空手，現在一定很懊惱。

股市是最有效率的市場，當大多數人都認同以上的論點「完勝定存利率，而且可以打敗通貨膨脹率」，它的股價就會一路走高。

兆豐金 2021 年配 1.58 元，以 2021 年收盤價 35.5 元計算股息殖利率是 4.45%，其實已經不到 5% 了。結果現在漲到 40.45 元，股息殖利率只剩下 3.9%，連 4% 都沒有了。以前很多人不滿意 5% 的股息殖利率，所以不想買，結果現在必須用股息殖利率不到 4% 的高價才買得到了。怎麼辦？

耐心等到 32 元以下，股息殖利率回到 5% 再買嗎？這已經是 2021 年 10 月初的價格了。總有一天一定會回去的，但萬一要等一兩年呢？你不就錯過每年都可以領的股息了。此段期間，或許你只能領 0.8% 的定存利息，或者你去買了個股，結果還賠錢呢！

買兆豐金圖的是「穩定的股息」，而不是「想像的價差」。投資人對於穩定領息的股票，因為會算它的股息殖利率，所以常覺得它們「股價太高」，但對於想賺價差的股票，因為充滿想像空間，所以很少嫌它「股價太高」，這不是很矛盾嗎？

如果你只想領兆豐金的股息，為什麼 32 元的時候不買呢？結果漲到 37 元、40 元才很著急，才要問我「現在還可以買嗎？」

如果你接受目前只有 3.9% 的股息殖利率，為什麼現在不能買呢？萬一股價一路上漲，股息殖利率就會一直下跌，或許有一天跌到和通貨膨脹率相當的 3%，又該怎麼辦？

不要一直追求「更高」的股息殖利率，因為這樣說不定就永遠買不了。我們應該要把握的是「自己可以接受」的股息殖利率，然後就堅定進場，至少股息一定可以賺得到。

如果你真的覺得兆豐金 3.9% 的股息殖利率太低，低到不能接受，那就不要買啊！然後去找看看還有沒有股息殖利率在 5% 以上的股票。如果有，就不要再猶豫了。

最後要提醒大家的是，並非所有股息殖利率在 5% 以上的股票都可以買，請一定要記住，只有同時符合以下兩個條件的股票才可以買：「幾十年來每年都有配息」和「公司大到不會倒」。真的不會選股，就找看看有哪些 ETF 除了股息殖利率在 5% 以上，而且也同時具備這兩個條件？

真的找到了，就千萬不要再錯過，否則又會和兆豐金一樣，等股價越來越高，然後一直在焦慮「現在還可以買嗎？」

（本文原刊於 2022 年 3 月 18 日「方格子」訂閱網站「小資幸福講堂」專欄。）

5-3
45 元的兆豐金，該買還是該賣？

2022 年第一季大盤一直跌，金融股卻一直漲，其中最具代表性的兆豐金甚至一度超過了 45 元。你手上有兆豐金，該賣嗎？你手上沒有兆豐金，現在還能買嗎？

我在 2022 年 1 月 14 日的文章〈兆豐金一直漲，還能買嗎？〉，直接了當地說：「還可以買。」當時我建議大家 37 元買一張，然後每漲 0.5 元，持續買一張，也就是說 37.5 元買一張，38 元買一張，依此類推。

你有這樣做嗎？還是認為要等跌下來再買？ 1 月 14 日之後，它也曾跌到 36.3 元，或許你還想等更低，但就再也沒有更低了。如果你真照我上述的方法買，一直買到 45 元，應該可以買到 17 張，成本是 41 元。看到一路漲到 45 元，不會懊悔沒有買，而且用 2022 年 4 月 8 日收盤價 44.35 元計算，大約有 8.2% 報酬率。（〔44.35 - 41〕÷ 41 ＝ 8.2%）

別忘了它還有股利可領喔！假設跟 2021 年差不多能領 1.6 元的話，還有 3.9% 的股息殖利率。（編按：2022 年實際配息是現金

股利 1.4 元，和股票股利 0.25 元）

如果它未來除息後，能回到 41 元，你就賺了 3.9%。（1.6 ÷ 41 ＝ 3.9%）

如果它未來除息後，能回到 44.35 元，你就賺了 12.1%。（8.2% ＋ 3.9% ＝ 12.1%）

以上是假設你的成本用 41 元來算，但如果你的成本更低，報酬率當然就更高了。

如果你的成本更低，很多人會開始想該不該現在賣掉，獲利了結呢？例如你的成本是 36 元，用 45 元賣掉，可以賺 9 元，等於已經把超過 5 年的股息直接先落袋了。因為用每年 1.6 元的股息來算，9 元的價差等於是 5.6 年的股息。（9 ÷ 1.6 ＝ 5.625 年）

如果你是屬於以下 A 型的人，就不要賣！如果你是屬於以下 B 型的人，就可以考慮賣，但該怎麼賣？此外，你若手上沒有，現在還能買嗎？

A 型：你一旦賣掉之後，就不知道該買什麼，然後又把錢拿去存定存。或是賣掉之後，不知道何時再把它買回來？你若是這種人，我建議就不要賣了，免得本來一點都不焦慮，賣掉之後反而開始非常焦慮。

B 型：你若很想賣，就賣吧！但我的建議是不要全部賣光，只要把所有的成本先拿回來即可，因為剩下的持股成本就會變成 0。例如你有 50 張，平均成本 36 元，然後你可以用 45 元賣掉 40 張，剩下 10 張就零成本了。

成本：36 元 × 50 張 ＝ 180 萬元
賣出：45 元 × 40 張 ＝ 180 萬元
賣出 180 萬元 － 成本 180 萬元 ＝ 0
50 張 － 40 張 ＝ 10 張

請用「你的總成本」去除以「你要賣的價格」，就能算出你該賣幾張？

拿回的錢，請務必再去找股息殖利率超過兆豐金的股票，也就是說去找 5% 以上股息殖利率的股票，例如台塑集團股票或是 0056。

如果你拿回的錢不再投資的話，我也建議你不要賣了吧！

最後，我來回答「你若手上沒有兆豐金，現在還能買嗎？」這個問題。假設你現在用 44 元以上買進，股利為 1.6 元的話，股息殖利率只剩 3.6%，只能勉強打敗通貨膨脹率了。（1.6 ÷ 44 ＝ 3.6%）

台股中還是有很多股票的股息殖利率超過 5%，例如台塑集團股票或是 0056，你又何必非買兆豐金不可呢？

（本文原刊於 2022 年 4 月 9 日「方格子」訂閱網站「小資幸福講堂」專欄。）

5-4 兆豐金 30 元以下才能買嗎？

2022 年兆豐金股價出現少有的震盪，從年初就一路大漲到 45 元，然後又快速滑落到 36 元才暫時止跌。最近又有兩位投資人因它而互槓，但又同樣認為 30 元以下才是買點。兆豐金真的要等到 30 元以下才能買嗎？

兆豐金近期更引起投資人熱議，因為 0056 宣布成分股將剔除兆豐金，應該是認為它近期股價走高導致股息殖利率降低，加上 2022 年以來獲利衰退，所以大家開始思考它還是存股的好標的嗎？

我認為兆豐金還是一個存股的好標的，因為它每一年都有配息，而且大到不會倒，剩下的問題有兩個，一是買進價格，二是會不會填息。

買進價格當然牽涉到股息殖利率，所以其實重點是後者。拿 2022 年 6 月 10 日收盤價 37.1 元來算，你買 1 張花了 37100 元，可以領 1400 元現金股利和 25 股的股票股利。這 25 股值多少錢呢？

一般算法是用你的買進成本 37.1 元來算，但也必須除息後回到你的成本 37.1 元（也就是填息），屆時才能確定股息殖利率是

（1400 ＋ 25 × 37.1 ） ÷ 37100 ＝ 6.3%

股息殖利率有 6.3%，很不錯啊！

為了保守起見，我將那 25 股的市值用某位達人認為的合理價 29.3 元來算，結果如下：

（1400 ＋ 25 × 29.3 ） ÷ 37100 ＝ 5.7%

股息殖利率減少到 5.7%，當然比較差，但也還可以接受吧？

面對 2022 年兆豐金獲利衰退，大家當然擔心可能無法填息。存股的意義就在於必須填息，不然只是領回自己原本投資的錢。我假設兆豐金每年股息殖利率有 5%，以投資 72 法則來算，它 15 年就能完全還本，所以一兩年不能填息又如何？

也有人擔心兆豐金股價一路下跌，就是「領了股息，賠了價差」，但 15 年後你的持股成本變成 0，然後你的世世代代都能一直領下去。如果兆豐金有一天跌到 20 元以下，台灣經濟早就垮了，新台幣也將嚴重貶值，任何投資都沒有辦法保證安全（只剩下移民美國這個辦法了）

還有人擔心萬一兆豐金有一年發不出股息，怎麼辦？我決定把前段文字複製貼上：「如果兆豐金有一天發不出股息，台灣經濟早就垮了，新台幣也將嚴重貶值，任何投資都沒有辦法保證安全（只剩下移民美國這個辦法了）」

甚至有人擔心兆豐金會倒閉下市，我只能建議你現在趕快移民美國吧！

我當然知道買進價格越低越好，但它的代價是「或許買不到」，這樣就失去了存股的意義。一個投資達人說只要兆豐金股價還在 3 字頭，他就不會考慮，另一個投資達人計算出 29.3 元是它的合理價位。

我相信這些價位總有一天會來，但萬一等很久都不來，不就領不到那幾年的股息了嗎？領不到股息，不就違背了當初存股的目的嗎？那麼，什麼價位可以開始買兆豐金呢？下面就是我很務實的建議：

兆豐金在 2022 年 6 月 10 日宣布 5 月單月呈現虧損，因為一次認列子公司兆豐產險因防疫險造成的損失，所以隔週一必然下跌。請你隔週一開盤前用 3 個價位各掛進 1 張，分別是 35 元、34 元，和跌停板 33.4 元。如果它連 35 元都沒有跌破，我相信只要未來沒有更大的利空，隔週一的盤中最低點大概就是未來很長一段時間的最低點。

它其實未來還有一個利空，就是 0056 要把原先持有的兆豐金全數賣掉。發行 0056 的元大投信當然會默默賣出，才不致打壓行情，但在那段期間，兆豐金股價一定難有表現，也是很適合進場的時間。

它什麼時候開始賣？當然不會事先通知。我建議跌到 33 元買 1 張，跌到 32 元買 2 張，跌到 31 元買 3 張，跌到 30 元買 4 張，跌到 30 元以下，每個整數價位買 5 張。

真的不要等到 30 元以下才買！前述這種買法可以確定你手上一定有兆豐金，然後就一定有股息可領。

或者更簡單，就用定期定額買兆豐金吧！

（本文原刊於 2022 年 6 月 11 日「方格子」訂閱網站「小資幸福講堂」專欄。）

5-5 存股也會賠錢嗎？

最近有個網友問我：「存股也會賠錢嗎？」我回答他：「當然有可能。如果有穩賺不賠的方法，大家都會這麼做了。」另一個網友留言更直接：「買了 0056 兩個月，賠錢中。」既然還是有可能賠錢，那該怎麼辦？

存股「短期」當然可能因股價下跌，而出現帳上的虧損，但只要「選對股票」，「長期」幾乎可以確定穩賺不賠。**因此存股要賺錢的關鍵有兩個，一是「選對股票」，二是「長期」。**

什麼是對的股票？一是每年都有配息，二是規模大到不會倒，三是每年都填息。

如果是少數幾年曾經配過股息，但大多數時候都沒有配息，賠錢的機會就很大。

如果這個公司還有可能倒閉而讓股票下市，那不只賠錢，還可能血本無歸。

如果不能填息，就是把自己的錢還給自己，而且還要繳稅。不能填息，就是股價一直跌，賠錢的機會當然也存在。不過如果它每年都配息，股價也只有二三十元，就算一兩年不填息，但經過二三十年之後總是會還本，所以長期來看就不會賠錢了。

例如某股票的股價是 30 元，而它每年都能配 1.5 元的股息，20 年後就能收到 30 元股息，也就是還本了，未來還能一直領股息，這樣長期來看當然是一定賺錢的。就算一兩年沒填息也沒關係。

如果股價 100 元，每年配息 2 元，那要等 50 年後才能還本，這樣每年能不能填息？就很重要了。

如果不會選股，就買 0056、00878 吧！它們都符合以上三個條件，也不用煩惱該買什麼股票了。

再來談「長期」。另一個網友留言說「買了 0056 兩個月，賠錢中。」大家買 0056，千萬別以為買了立刻賺錢。買兩個月還賠錢，並不是最慘，因為如果有人 2021 年買在最高價 36 元以上，現在還在賠錢中喔！儘管還在賠錢，但至少去年領了 1.8 元的股息，2022 年領了 2.1 元股息。

買一張 0056 花了 36000 元，若放銀行定存，當時利率 0.8%，一年後領到 288 元，但 0056 當年卻配了 1800 元，股息殖利率有 5%，是利息的 5 倍以上。

看到這裡，一定有人要反駁我，存銀行的利息雖少，但錢至少沒有變少。錢當然沒有變「少」，但一定變「薄」了，因為通貨膨脹率遠遠大於定存利率。

如果 0056 維持每年 5% 股息殖利率，依財務管理上的「72 法則」，14.4 年就能投資翻倍，但存定存則要 90 年才能翻倍。換句話說，用 36 元買 0056，「短期」當然有可能賠錢，但「長期」肯定會賺錢！

什麼是「72 法則」？就是用 72 去除以每年報酬率，得出來的答案就是經過複利計算之後，可以讓投資翻倍所需要的年數。

你若還是不能接受「短期」賠錢，然後只敢存在銀行，那你「長期」就註定被通貨膨脹率完全擊倒。

怎麼避免「短期」賠錢呢？請留下夠用的生活緊急預備金，就可以避免你因為急需用錢而必須賣股票。一旦非賣不可，當然可能因當時股價下跌而「實現」虧損。

你若未婚，生活緊急預備金應該準備 3 個月就夠了；若已結婚但尚未有小孩，準備 6 個月到一年就夠了；若已結婚又有小孩，至少要一到兩年；如果你退休了，我建議至少留兩年以上的生活緊急預備金。

投資如果能穩賺不賠，誰還想工作呢？絕對不要再奢望投資零風險。換句話說，如果有人跟你說，跟著他投資保證會賺錢，他一定是騙子！千萬別上當！

（本文原刊於 2022 年 4 月 16 日「方格子」訂閱網站「小資幸福講堂」專欄。）

5-6 存股究竟是不是正確的投資方法？

想要存股領息的人，最常被人警告「小心賺了股息，賠了價差」或是「股息是拿自己的錢發給自己」。對「存股族」嗤之以鼻的就是「價差派」和「指數派」。存股究竟是不是正確的投資方法呢？

我先講結論：理論上，它不是「最正確」的投資方法，但實際上，它是「最適合」一般人的投資方法。

「價差派」認為只要找到持續成長的好公司，你就會賺到長期豐厚的報酬，遠遠勝過「存股族」追求一年 5~7% 的股息殖利率。「理論」上絕對沒有問題，但「實際」上容易嗎？

此時，他們一定會舉台積電為例。如果你在 2008 年它跌破 50 元時買進，持有到 2022 年最高價 688 元，報酬率高達 1200% 以上，絕對不是任何一檔存股標的比得上的。

但你如果買的不是台積電，或是就算買了台積電，但無法持有到現在，賺得了這麼多嗎？

另一個問題是你能期望台積電的股價未來 14 年，也能像

2008~2022 年一樣漲 1200% 嗎？

請問「價差派」，你們現在能明確告訴大家，未來有哪一家公司能持續成長嗎？我相信也沒人對台積電的成長打包票保證吧？

此時「價差派」又會說，不一定要長期投資，只要賺到短線價差，還是能勝過存股的股息殖利率。這個說法依舊是「理論」上絕對沒有問題，但「實際」上容易嗎？

主張短線價差的專家，反對「存股」的最主要理由是「任何一家公司都有可能會倒閉」，所以警告大家「『存股』不成，會變『存骨』。」我也無法反駁，就像台積電當然也有倒閉的可能，但萬一真的發生這件事，你能想像台灣的未來嗎？換句話說，當然要慎選存股的標的，就是幾十年來，每年都有配息，而且大到不會倒，如果股價又只有二、三十元，你有什麼好怕的？

「指數派」反駁「存股族」的理由，我認為尚可接受，因為長期持有 0050 的報酬率當然遠大於 0056。只要台股持續上漲，0050 的股價漲幅，一定會勝過 0056 的累積股息殖利率。

2008 年台股從 4000 點以下，漲到 2022 年底 14000 點以上，漲幅是 250% 以上。你能期望台股未來的 14 年，也能像 2008~2022 年一樣漲 250% 嗎？如果真能如此，2036 年指數將達到 49000 點。我真的不敢想！

如果台股不再大幅成長，0050 股價就不會繼續上漲，0056 當然也不會。如果台股開始一路下跌，0050 當然跟著跌，0056 也不可能會漲。

因此我以下將用比較保守，甚至是比較悲觀的假設來說明：

0056 在 2022 年收盤價為 25.4 元，為計算方便，我假設你是用 26 元買進。它自成立以來的 15 年，總共配了 17.35 元，平均一年為 1.15 元。只要每年維持這種配息標準，22 年後，你的成本 26 元就完全回本了，以後繼續領一輩子，甚至往生後，你的家人還可以繼續領。以上算法甚至是假設它每年都無法填息，所以這已經是最極端的情形了。

近 4 年來，它有一年配 1.6 元，兩年配 1.8 元，2022 年甚至配了 2.1 元，但這是因為這段期間台股大漲。我用 1.15 元的長期平均數來估算，就是把股市之前也曾經歷過的空頭走勢納入考量，所以應該是相對合理。

22 年後，0056 股價會歸零嗎？如果會的話，台股根本沒有任何投資價值了。如果股價腰斬到 13 元，我也無法想像台股指數會跌到幾點？

如果指數繼續上漲，0056 也會跟著上漲，當然獲利會更好。如果指數持續下跌，0056 至少 22 年後能回本，但 0050 肯定要更久才能回本。

「指數派」會說，買 0050 是看中它未來的成長空間，本來就不是在貪圖股息，我當然同意，但存 0056 來領息，難道不也是一個賺錢的方法嗎？

理論上，「存股」絕對不是能讓你「賺最多錢」的方法，甚至絕對不可能是「報酬率最高」的方法，但實際上，它卻是在你不用強迫自己違反人性下，讓你「賺得最安心」的方法。

（本文原刊於 2022 年 12 月 17 日「方格子」訂閱網站「小資幸福講堂」專欄。）

5-7 選擇金融股的優先順序

我認為 2023 年應該會是一個逢低投資金融股的好機會，但該以什麼股票作為優先選擇的標的呢？

坊間有一些投資理財書或是線上課程，都有對每一支金融股做詳細的解析，但大家不一定有耐心看完它，所以我以下將從大家都能理解的「常識」出發，讓大家很快地吸收。

最快的方法當然就是我直接告訴各位買哪一支，但一來我沒有資格推薦個股，二來每支金融股每年經營績效也不會永遠相同，我當然也不可能每隔一段時間就來報一次明牌。

我只能就選股原則說明，到底要買哪一支？當然必須由你自己決定。

在進入以下文章之前，我有兩點必須事先聲明：

第一、我就算開始買金融股，它占我的投資組合比例也絕對不會高。我的主力還是0050、0056。因為買任何金融股，它都有個別公司經營風險和產業本身風險。買

0050、0056就沒有個別公司經營風險，也不會曝險在特定產業上。

第二、我不建議買的金融股不代表股價一定會跌，甚至投資報酬率可能還比我建議的金融股高。

你可以參考我的選股原則，同意與否，當然要由你自己判斷。以下，就是我選擇金融股的優先順序：

只買金控股

首先我會只買「金控股」，而不會買單純的銀行股、保險股，和證券股。道理很簡單，金控股的業務涵蓋銀行、保險和證券三大領域具有分散風險的效果。**我是一個始終把「風險」放在「報酬」之上的人。**

風險最高的是只有單一營業項目的金融股。純證券股風險最大，因為股市波動劇烈，獲利並不穩定。稍好的是純保險股，但近來受升息影響，其債券部位必然面臨虧損，還有防疫險鉅額理賠，甚至加上股市投資損失，都不足以成為讓人放心的存股標的。純銀行股相對較佳，因為銀行經營一向相對保守，所以風險當然比前兩類略小。

非單一營業項目的金融股，那就是金控股，也就是股票名稱為

「XX 金」者。因為三種營業項目都有，風險當然比單一營業項目來得分散，不過還是有些差異，主要是看它的強項是什麼。

其風險程度可以比照單一營業項目。如果是以證券為主要營業項目，相對風險較大。目前金融股股價最高的兩支，都是以保險為主要營業項目的國泰金和富邦金，因為規模實在太大，所以應該可以視為「大到不會倒」。不過最近也是因為升息和防疫險，讓股價受到很大的壓抑。若是以銀行為主要營業項目的金控股當然相對風險更低。

只挑官股

其次該挑「官股」金控股，還是「民營」金控股？各有利弊如下，請自行決定。

「民營」金控股比較積極，會透過不斷創新來提升營收和獲利，但不一定真的能達成，甚至為了賺更多錢可能會冒比較大的風險。

「民營」金控股一般都會保留一些盈餘來拓展業務，也就是配發股息佔獲利的比重會比較低。

「民營」金控股多半都是家族企業，如辜家、蔡家、吳家、馬家。這些家族不只有金控股，甚至還跨足更多產業，所以當其他投資萬一出事時，對他們投資的金控股股價當然會有影響。不過如果其他事業做得成功，當然也會對他們投資的金控股股價有所幫助。

「民營」金控股的董事長是經營成功與否最關鍵的人物，但他們如果突然生了重病或是牽涉不名譽事件，當然會對股價造成嚴重傷害。這其實就是一種不定時炸彈。

「官股」金控股的優缺點正好和「民營」金控股相反。它們比較保守，很難期望它們會有較大的成長性；配發股息佔獲利的比例一般都比較高：不會受到其他國營事業的影響，所以得不到幫助，當然也不會被拖累。

最重要的是「官股」金控股的董事長都是官派，對股價影響很小。就算突然生了重病或是牽涉不名譽事件，立刻就會被換掉，所以很難長期傷害股價。

股價相對低檔買進

你決定金融股的「屬性」之後，就把範圍縮小了。接著請自己好好研究，再從中挑選一兩支「個股」來投資。

絕大多數金融股至少每年都有股息可以領，而且倒閉的機會也非常低，所以在 2023 年股價相對低檔的時候買進，風險應該相對有限。既然是相對低檔，所以除了股息之外，當然也可以期待股價上漲所可能帶來的價差收益。

投資其實靠「常識」就夠了，只要你認同它的「屬性」，挑任何一支來投資，我認為差異都不會太大，別花那麼多精力去挑選，徒增焦慮而已。或許你費盡心思挑到的卻是股價表現最差的，因為

「股價會說話」。經營績效最差，但或許股價表現會最好，誰能預知未來呢？

（本文由 2022 年 7 月 24 日及 2023 年 3 月 3 日「方格子」訂閱網站「小資幸福講堂」專欄的兩篇文章整併而成。）

5-8 持有金融股，該怎麼避險？

2023 年 3 月中旬有兩件和金融股有關的新聞，一是美國矽谷銀行（Silicon Valley Bank）倒閉，二是台灣的國票金控決定今年不配股息（編按：後來新光金和開發金也宣布不配息），這兩件新聞都讓想用金融股來存股的投資人開始擔心，難道自己錯了嗎？本文將為大家破解此一困惑，而且最後會建議大家一個避險的方法。

任何一家金融業當然不排除有倒閉的機會，像這一次的美國矽谷銀行和造成 2008 年金融海嘯的雷曼兄弟投資銀行，而國內一樣發生過，像中興銀行、中華銀行，還有一些規模較小的保險公司都曾經倒閉過。

很多投資達人常常警告大家，買金融股絕對不是萬無一失的投資，就算不容易倒閉，產業的風險依舊有可能很大。

我無法反駁以上論點，因為確實如此，但是當規模非常大的銀行倒閉時，難道其他產業的股票能倖免於難嗎？

前述中興銀行和中華銀行倒閉時，因為規模不大，對其他個股的影響並不顯著。但雷曼兄弟投資銀行倒閉時，不就造成全球股市的重挫？當時台積電甚至跌破 40 元。那時候有多少人敢買台積電？大家惶恐到連消費都不敢了，更遑論買股票！

如果規模非常大，而且是政府投資的兆豐金倒閉，你能想像台股會跌到幾點嗎？或許屆時台灣經濟會完全崩潰，恐怕沒有什麼股票能倖存了。

玉山金 2023 年配發的股利已經夠讓人失望了，沒想到國票金居然決定今年不發股息更是震驚市場。結果當然就是股價重挫，很多存股族開始信心動搖，心想難道該賺價差而不該領股息了嗎？

反對存股的投資達人的看法是，當你挑到高度成長的股票，股價上漲的幅度一定遠勝過金融股的股息殖利率。我又無法反駁了，因為這個看法「理論」上完全正確，但「實務」上卻很難做到。大家都以為自己可以，但結果股市投資人十之八九最後都是賠錢的。

如果你能買到每年都能穩定配息的股票，不就至少能「確定」獲利嗎？國票金本來就不符合「每年都能穩定配息」，因為它 2009 年也就是金融海嘯隔年就沒有配息。

其實金融股的選股方法很簡單，就是看它 2009 年有沒有配息？如果仍有配息，就代表它能度過最嚴峻的產業風險。

你有選股的能力當然可以賺到價差，但請先問問自己有這個能力嗎？如果沒有，就認命領股息吧！

金融海嘯不是不會再來，只是一旦再次發生，屆時所有股票都一樣會重挫。

手上如果有很多金融股，會建議你用下面方法避險：

請同時持有 0056，因為 0056 的成分股中金融股占比不到 10%，所以它受金融股 2023 年配發股利不多的影響，跟 00878 比起來要小很多。換句話說，00562023 年的股息殖利率應該會勝過所有金融股。

我不建議你賣掉金融股，因為或許 2023 年是它的相對低檔。現在賣，可能正好賣在阿呆谷。

如果 2023 年獲利恢復以往水準，你現在用低價買進，明年股息殖利率或許會比以往更高，因此如果你手上只有 0056，而沒有金融股，或許可以酌量買一些。

投資不可能沒有風險，但買 0056、00878 還有某些金控股，風險相對小很多。最重要的是，只要它不會倒閉下市，沒有利空，哪來的低價給你買呢？

（本文原刊於 2023 年 3 月 17 日「方格子」訂閱網站「小資幸福講堂」專欄。）

第6篇

投資靠的是「普通的常識」，無須「高深的知識」

如果這些高深的知識真的在投資上有用，
那麼財經系、經濟系學者教授早就該是股神了。
為什麼沒有用？
因為投資牽涉太多「人性」，
而且絕大多數都是非理性的，不能用統計數據來解釋。

如果你每天都收看財經媒體，無論是報紙、雜誌、電視、網路，就會看到很多專家發表高見。現在自媒體這麼容易成立，所以還有更多網紅也在分享個人投資經驗。為了證明他們的看法正確，他們都會提供很多資料來佐證，我認為這些都是寶貴的「知識」。面對這麼多眼花撩亂的資訊，你真能因此在投資上做出正確的判斷嗎？

如果這些高深的知識真的在投資上有用，財經系、經濟系學者教授早就該是股神了。為什麼沒有用？因為投資牽涉太多「人性」，而且絕大多數都是非理性的，不能用統計數據來解釋。

當這些資訊沒有立即產生的效益，大家就只想知道什麼股票可以買？什麼價格可以買？什麼價格該賣了？前者就是專家最愛幫大家算的可以買進的「合理價」，後者則是有機會看到的「目標價」。

2022 年初最有名的目標價就是台積電的 1000 元，2023 年初最有名的「合理價」就是兆豐金的 20 元。

各位有沒有發現，這兩個價格都離市價好遠好遠？台積電最高到 688 元，距 1000 元還要漲 45%，更遑論曾跌到 370 元，那是要再漲 170%。兆豐金最低來到 28.4 元，還要再跌 30% 才會到 20 元。有意義嗎？

我認為現在台積電的目標價就是 688 元，兆豐金的合理價就是 28.4 元。我不用任何「高深的知識」來計算，我只是用它們曾經來過的最高價和最低價來推估，而這只要「普通的常識」。

合理價是用過去統計的資料算出來的，但誰說歷史一定會重演？目標價一定有一個假設的前提，只要假設不成立，目標價就不可能來。

有時候假設確實成立，但目標價還是不會來，因為市場變數太多。我認為只有一句話是真理，那就是「股價會說話」，但這一切都已經是事後分析了。

我認為這些都還算是具有參考價值，但如果你聽信專家某些操作建議而照做的話，有可能是非常危險的事。

大家都知道，絕對不該借錢來買股票，而該用平常用不到的錢來投資，萬一虧損也不至於影響生活。但是居然還有投資達人鼓勵大家借錢買 ETF。

曾有網友問我：「可以向銀行借錢來買 0050、0056 嗎？」

我直接說「不可以」，就算 0050、0056 已經相對安全，但萬一股市一直下跌，如果你是借錢來買，還能放心「大不了套牢」嗎？

他說有投資達人說，高股息 ETF 每年都有至少 5% 以上的股息殖利率，而銀行借款利率才 2% 出頭，當然穩賺不賠啊！

我勸他，小心 0050 在 2020 年 Covid-19 最嚴重的時候，還曾經跌破 68 元，0056 曾跌破 22 元，你難道認為這個價格不會再來嗎？以 2022 年底收盤價，0050 為 110.2 元，只要跌 38% 就會再次跌破 68 元，而 0056 為 25.4 元，更只須跌 13% 就會再看到 22 元以下的價位。屆時你只能認賠變現，才能償還本金。

連買 0050、0056 都不該借錢買了，更遑論個股了。2023 年初，有位港警還借錢去放空主力炒作的小型股，最後不堪虧損，走上了絕路。

因為我不知道每個人承受風險的能力或個性，所以我情願給大家最保守的建議。港警之死，當然不能怪投資達人的建議，只是希望大家千萬不要以為「投資達人做得到，我當然也可以做得到。」

不要借錢買股票，真的是再普通不過的常識了。

投資股票真的有太多太多的專業術語，但通通都要懂才能進入股市嗎？如果你買的是個股，我認為你該把所有的專業術語都搞懂。例如2022年長榮海運、友達辦理現金減資時，很多人就來問我減資是利多，還是利空？手上有這兩支股票，該賣嗎？手上沒有的人，該買嗎？

利多、利空？對不同的公司，可能截然不同，所以買「個股」真的是非常燒腦的事。如果你只買0050、0056，還需要費神了解嗎？

買0050、0056，幾乎所有的專業術語都不用懂，當然更不需要具備高深的知識，只要知道它們絕對不會下市、每年都有穩定配息而且風險完全分散。這些都只是普通的常識啊！

無須具備高深的知識，又能穩健獲利，投資當然就安心不焦慮了，就可以把時間、精力，花在更需要解決的其他煩惱或是其他更有意義的事情上。

6-1 真的有合理股價和目標股價嗎？

很多投資達人很愛發表他對某一支股票所精算出來的「合理股價」，也就是在這個價位買進看來一定是穩賺不賠。同理，他們也常鐵口直斷，認為某一支股票應該會漲到某個「目標股價」，讓大家在買進它時充滿了美好想像。真的要相信他們說的合理股價和目標股價嗎？

如果你買的股票都是採用定期定額方式，就可以略過本文。

股票投資其實是一場心理戰。試問，當大家都知道合理股價是多少元時，還會看到這個價格嗎？我相信絕大多數的人一定為了想要買到它，會願意用比合理股價高一點點的價格來搶先買進，所以要用合理股價買到，幾乎是不可能的事。

除非這支股票或台股整體碰到突發利空，或許有機會讓股價「突然」來到合理股價，但絕大多數的人屆時應該不敢進場，因為想說可能還會繼續跌。

再者，各位有沒有發現，絕大多數的合理股價都離當時的市價好遠好遠，遠到你可能一兩年內都等不到。因為你買不到，就一定不會發生套牢的風險。你不會套牢，你就不會怨那位投資達人。幾乎每個投資達人在提出合理股價時，一定要先想到自保之道吧！

有些合理股價一看就不合理。例如台積電跌破 600 元時，某位投資達人公開說台積電的合理股價是 300 元。他說，因為台積電一年發四次股利，合計 11 元，當它跌到 300 元時，股息殖利率才會超過 3.5%，才可以打敗通貨膨脹率。

看似有理，但大家買台積電是看中它的「未來成長性」，有機會獲取大幅的價差，而不是只想賺穩定的股息，追求「股息殖利率」。這個投資達人連投資的邏輯都搞錯了。

有位專家在 2023 年初估兆豐金的合理價為 20 元，他是怎麼估兆豐金股價是 20 元呢？因為 2022 年兆豐金受旗下保險公司防疫險大虧的影響，每股盈餘只有 1.32 元。他再算出歷年的平均盈餘分配律為 83%，所以預估可分配 1.1 元的股息。接著，以歷年平均股息殖利率 5.35% 計算，得出合理價是 20.6 元。

以上的算式非常「合理」，但「合情」嗎？

2022 年大盤最低跌到 12619 點，兆豐金最低跌到 28.4 元。如果兆豐金要跌到 20.6 元，大盤可能會跌破萬點。

你若相信兆豐金會跌到 20.6 元，其實就是認為大盤會跌破萬點。

這時你當然不會買它，而會去買其他個股。一旦台股真的跌破萬點時，除了主力作手炒作的小型投機股之外，你肯定也會因為買了其他股票而賠錢。

或是你也不會去買其他個股，然後就耐心等到 20.6 元才要買兆豐金，如果這個價格根本不會來，你不就錯過在股市獲利的機會了嗎？

有個頗具知名度的財經網紅，在他的 YouTube 頻道上的標題是「0050 跌到多少錢可以買？」他的結論真是讓我佩服的五體投地，他說：「當市場情緒轉趨樂觀時，不管股價多高，我都會買；當市場情緒還沒轉趨樂觀時，不管股價多低，我都不會買。」這比說台積電合理股價是 300 元更敷衍。

「不要再相信」有合理股價了！

那麼，股價真的會來到投資達人說的目標股價嗎？

再引用前面提過的「股票投資是心理戰」的原因。當大家都知道目標股價是多少元時，還會看到這個價格嗎？我相信絕大多數的人一定為了想要賣掉它獲利，會願意用比目標股價低一點點的價格來搶先賣出，所以要看到目標股價，幾乎是不可能的事。

人性也是很矛盾的。當你真的看到目標股價時，或許反而捨不得賣了，因為你會想像它可能會繼續漲上去。現在就賣，會不會少賺了呢？最常見的情形是你不當機立斷賣出的話，結果股價就一路下跌，然後從本來大賺變小賺，甚至最後變賠錢。

絕大多數的人只記得目標股價的「價格數字」，卻常常忘記投資達人在提出目標股價時的「假設前提」。他們總是說：「當某某公司怎樣怎樣時，它的股價就有機會來到多少多少。」

如果他的假設情形沒有發生，他所提出的目標股價就不會出現。這時，你該判斷的是他的假設是否正確，而不是直接相信他的目標股價。但是判斷太難了，所以大家就只會記得他說的股價。

最支持台積電的闞又上老師說：「台積電五年內會看到 1000 元。」但你記得他的假設是什麼嗎？買在 600 元以上的投資人一定選擇相信他。買在 450 元的投資人就有資格不相信他，因為至少還有短線價差可以賺。

「不要再盼望」目標股價了！

我認為期待「領股息」的股票該看「合理價」，期待「賺價差」的股票該看「目標價」。

以兆豐金為例，它的合理價就是近期的「最低價」，也就是 28.4 元。因為 2022 年獲利和今年配息，大家早就知道會大幅衰退，所以早就反映在股價上了。俗話說：「股價會說話」，因此 28.4 元就是投資人集體認同的最低價。

除非台股會跌破 2022 年最低點 12619 點，否則別期待兆豐金會出現比 28.4 元還低的價格。萬一台股跌破最低點，合理價當然會往下修正，但 28.4 元就是現階段比較「符合現實」的合理價。

你想「領股息」的股票，都可以比照以上這個方法來計算。

以台積電為例，它的目標價就是反彈的「樂觀滿足點」，也就是反彈幅度 61.8% 的地方。台積電 2022 年最高價是 688 元，最低價是 370 元，總共跌了 318 元。318 元的 61.8% 是 196 元。從最低價 370 元反彈 196 元，會來到 566 元，這個價格就是它的目標價。

除了「樂觀滿足點」，還有「正常滿足點」，就是反彈幅度 50% 之處，再以台積電為例，也就是 370 +（318 × 50%）= 529 元。

還有一個最起碼的「基本滿足點」，也是反彈幅度 38.2% 之處。再以台積電為例，也就是 370 +（318 × 38.2%）= 491 元。如果一支股票連「基本滿足點」都無法站上，就是非常弱勢的股票，以後就別想賺它的價差了。

你想「賺價差」的股票，都可以比照以上這個方法來計算。

最後，我必須做以下聲明：

「用 28.4 元買兆豐金，還是有可能套牢，用 566 元賣台積電，也可能賣早而少賺了。」

但如果你想等 20.6 元才買兆豐金或 1000 元才賣台積電，我認為機會都非常非常渺茫。

（本文由 2022 年 9 月 17 日及 2023 年 1 月 27 日「方格子」訂閱網站「小資幸福講堂」專欄的兩篇文章整併而成。）

6-2 財經資訊對投資獲利有幫助嗎？

日前參加一個財經節目錄影，同場還有另外兩位來賓。一位是資深分析師，講個股、產業和大盤。另一位是財經專家，講總體經濟情勢。兩人準備的資料當非常豐富，我在場也學了很多。不過，根據他們的看法就能做為投資股票的依據嗎？我卻持保留的態度。

先說他們兩人的結論，就是「台股還會創高，現在是進場的好時機。」他們為了證明自己的看法正確，當然會找到很多資料來支持。有趣的是，主持人一開場引述國外專家的看法，卻都是對美股比較負面的看法。到底要聽外國人的話呢？還是聽這兩位台灣人的話呢？

那位資深分析師介紹的個股與該產業，已經漲了一大段，他現在所做的分析，只是在「事後解釋」，而不是「事前預測」。你聽完了之後，真的敢買嗎？

他對大盤未來走勢的看法，當然是「事前預測」，但他一定對嗎？再者，如果你不是買和大盤高度連動的 ETF（如 0050），而是買個股，那大盤就算上漲，你的個股一定也會上漲嗎？

那位財經專家引用了非常多經濟數據，但他推論的結果一定會發生嗎？他引用這些資料預期股市會漲，但別人引用不同的資料，或許得到結論是股市會跌。你到底要相信誰呢？

如果經濟學家都能準確預測未來，他們早就都是股神了，但我從沒聽說有哪個經濟學家也是投資專家啊！

我很少提出我的「看法」，我總是說「我不知道」，所以很難像他們講得如此專業、如此頭頭是道。

但我都直接提出我的「做法」，因為大多數的人都希望知道接下來該怎麼做？該買、還是該賣？以及該買什麼？

沒有「看法」，怎麼會有「做法」？這不就是亂猜嗎？我想所有的媒體都不希望做出來的節目像算命節目。以下就是我的解釋：

沒有人敢保證他的「看法」一定正確，所以你因為聽了他的看法，所做的決定當然也不一定正確。這時，我們一定要有一個「萬一我錯了，損失會很大嗎？會大到不能承受嗎？」的心理準備。這就是所謂的「風險意識」。

很多人在股市賠大錢，就是因為相信自己的看法「一定對」。

我的「做法」，就是在即使「看法」錯的情形下，還能將風險控制在可承受的範圍內。如果是這樣，就不需要「看法」啦！

換句話說，我的「做法」適用於所有不同的「看法」。只有一個狀況不適用，那就是台灣經濟崩盤，不論是兩岸開戰或是政府施政出現重大錯誤。

我的「做法」之一：買 0050、0056。就算在錯誤時機進場，也就是就算買貴了也不用擔心，因為它們每年都有配股息，成分股也絕不可能同一天倒閉而下市，而且不會過度集中於單一產業（所有主題型 ETF 都有這個風險）。

我的「做法」之二：存股，也就是先想「領股息」，而不要只想「賺價差」。但不是所有股票都能拿來存股，而是必須同時符合兩個條件，一是「每年都有配息」，二是「規模大到不會倒」。符合這兩個條件的金融股因為股價都不高，風險相對更低。

請問這兩個「做法」需要依據資深分析師或財經專家的「看法」，才能做決定嗎？

媒體都會提醒大家，專家看法只能作為「參考」。既然不能作為「依據」，當你聽完正反兩方，或是多空雙方的看法後，你真的能做出正確的判斷與決定嗎？

我認為多聽聽專家分析的經濟情勢，可以增加對這個世界更多的了解，但絕不要把它拿來對應你的投資決定。

相較之下，股市分析師對個股或大盤的言論，真的聽聽就好，套句酸民愛酸他們的話：「真要這麼準的話，他們早就是世界首富了。」

最後，再次重複我常常講的那句話：「『我不知道』才是正確答案」。

（本文原刊於 2023 年 3 月 11 日「方格子」訂閱網站「小資幸福講堂」專欄。）

6-3 財經作家與投資網紅的道義責任

2023 年初有一個令人痛心的財經新聞，就是有一位台中港務局警察因為投資失利又負債千萬，最後走上了輕生之途。他的悲劇不能怪任何人，只能怪自己太貪心，因為他必須為自己的投資行為負完全責任。我只是好奇，是不是有人告訴他借錢買股票可以賺大錢，才鑄下大錯？

他的虧損原因，一則來自「欠債」，二則據傳是來自「放空」。

一個警察的養成過程，不可能有完整的投資理財教育，所以他在這方面的知識很可能來自於一些財經作家或投資網紅（以下簡稱「投資達人」）。

別借錢買股票

先來談「欠債」這個部分。

大部分的媒體都會再三呼籲投資人，千萬不要借錢來買股票，所投入的資金最好都是生活上用不到的閒錢。畢竟股票投資沒有穩賺不賠，只要用的是閒錢，萬一虧損，也不至於影響到日常生活。

投資人當然都知道這個道理，但可能都認為是老生常談。如果看到有些投資達人分享借錢來投資就能賺大錢的經驗，當然會受到鼓舞。

每一個舉債投資的人，都是相信自己的判斷一定正確。你真的該先問自己，為什麼你有這種自信？你有「第一手」的內線嗎？還是只不過是聽別人說的，或是從報章雜誌上看來的？你絕對不要以為是自己認真研究的結果，因為除非你有真正的公司內線，不然都不可能完全正確。

其實絕大多數的舉債投資者都存在僥倖心理，因為都不是用自己的錢，所以一旦賺錢，報酬率當然很高，所以也不會想要長期投資，短線有漲就能賺錢了。

買進股票的第一步也是最重要的一件事，那就是一定要先想「萬一我判斷錯誤，我能承受得起嗎？或是我能承受得起的虧損比例是多少？」如果你會這麼想，應該就不會借錢來買股票了，不是嗎？

那些投資達人借錢買股票賺錢的故事，我暫且相信是真的，但也不可能每一次都對。他只會講賺錢的那一兩次，絕對不會自曝其他更多虧損的經驗。

但是你只要錯一次而且賠得很慘，你就沒有下一次了，甚至也會和港警一樣最後走上絕路。

有人曾問我，難道借錢來買 0050、0056 這兩檔最安全的 ETF 也不可以嗎？我還是斬釘截鐵說「不可以！」

試想你借錢用 150 元買 0050，一度跌到 100 元以下，你還要還本金，你也許會受得了嗎？你說你借錢在低檔才買，你又知道低檔在哪裡嗎？說不定還會看到新冠肺炎爆發初期的 68 元以下股價，你受得了嗎？

試想你借錢用 36 元買 0056，一度跌到 24 元以下，你還要還本金，你受得了嗎？你也許會說你借錢在低檔才買，你又知道低檔在哪裡嗎？說不定還會看到新冠肺炎爆發初期的 22 元以下股價，你受得了嗎？

小型股容易被操控

再來談「放空」部分。

據說他是放空主力拉抬的小型投機股，那只能說是自掘墳墓了。或許他研究過那支個股的基本面，認為不應該漲那麼多，所以相信它終會下跌然後才放空。

小型股股本不大，流通在外的股票不多，極易被主力大戶拿來炒作，你都不該去買它了，更遑論居然還敢去放空？放空股票獲利有限，風險無限，因為你根本不知道主力何時才要賣出。只要主力不賣，它根本不會跌。

這也是我為什麼只買 0050、0056，而不買個股的原因。因為這兩支 ETF 絕對不會被人為操控。

意見領袖的道義責任

投資達人都說自己只是分享經驗，但一般讀者或網友根本分不清楚什麼是「分享」，他們對這些賺錢經驗可能都認為是「建議」，甚至是「推薦」。就算投資達人在文章最後說「請自行評估風險」，但讀者或網友怎麼可能不受到「鼓舞」？心裡想的一定是「別人都做得到，我當然也做得到。」

投資達人會說，你要借錢投資或是放空股票當然要有本事。這句話完全正確，只可惜大家可能都認為自己有本事。那位港警之死就是血淋淋的教訓。

我本來標題想用財經作家或投資網紅的「良心」，但可能是過於主觀的道德判斷，因為他們應該沒有害人之心，用「良心」或許太沉重了。最後決定用「道義責任」，因為那位港警之死，絕對可以說是「我不殺伯仁，但伯仁因我而死。」我認為這不是一句「投資人盈虧自負」所能卸責的。

我寫書、寫文章、寫專欄、演講、上通告，情願把所有讀者、網友、聽眾都當做是投資小白，都當做是沒本事的人，然後分享最保守的投資理念和經驗，不會讓大家對自己的能力有過高的想像，也讓大家能在風險程度相對小的情形下，來進行最簡單、最穩健的投資。

很多人 2022 年買 0050、0056 套牢在高檔，我也替大家感到難過，因為我不能推卸這個「道義責任」。我只能說，我須負擔道義責任的程度，應該遠小於那些美其名「分享」借錢投資與放空股票的投資達人所該負的道義責任。

（本文原刊於 2023 年 2 月 3 日「方格子」訂閱網站「小資幸福講堂」專欄。）

6-4 遇到個股現金減資，該怎麼辦？

2022 年有很多公司都在辦現金減資，你該在宣布減資之後賣出持股嗎？還是該在股價下跌後買進嗎？

為什麼公司要辦現金減資？一種情形是公司賺錢，這時會退還給股東一些錢，例如減資 1 成就退還 1 元。另一種是公司賠錢，拿股本來彌補虧損，股東則拿不到任何錢，持股直接減少，也就是股東被迫認賠了。以下我將只就第一種情形來討論。

賺錢的公司為何要辦現金減資？因為希望減少股本，然後股價就會提高。舉例來說，股價原本 100 元，買一張（1000 股）要 10 萬元。如果減資 2 成，股數變成 800 股，但你的股票價值必須維持 10 萬元，而且你還拿到了 2000 元的退款，所以股價就變成 122.5 元。

（100,000 元 – 2,000 元）÷ 800 股 ＝ 122.5 元

既有 2000 元可拿，股價又提高到 122.5 元，看來很好啊！但

為什麼一宣布現金減資，股價卻都以下跌來反應呢？

你現在只有 800 股，如果股價又不能高於 122.5 元，你其實就賠了。換句話說，股價提高根本只是假象。

為什麼公司想要減少股本？因為它希望每股盈餘會增加。舉例來說，一家股本 10 億元的公司，它的總發行股數為 1 億股。若一年可賺 2 億元，每股盈餘就是 2 元。

2 億（元）÷ 1 億（股）＝ 2 元

現在減資 2 成，股本減為 8 億元，發行股數也減為 8000 萬股。如果還是賺 2 億元，每股盈餘會增加為 2.5 元。

2 億（元）÷ 8000 萬（股）＝ 2.5 元

這其實是數字遊戲。因為賺的錢不變，都是 2 億元，也就是根本沒成長，但每股盈餘卻增加了，這不是在「粉飾」獲利嗎？甚至它只要賺 1.6 億元，每股盈餘還能維持以往的 2 元。

1.6 億（元）÷ 8000 萬（股）＝ 2 元

換句話說，公司應該是覺得未來的成長性其實不高，若維持原有股本，每股盈餘可能會減少，所以就開始「瘦身」來因應。

如果股價 100 元，用市價減資 2 成，應該退 20 元，但實務上是用每股面額 10 元來退款，也就是只退 2 元，對於高價買進的投資人來說，當然是吃虧的。例如長榮宣布減資 6 成的隔天，股價大跌 9.5%。

如果股價 20 元，用市價減資 2 成，應該退 4 元，但實務上是用每股面額 10 元來退款，也就是退 2 元，差距不大，所以投資人吃虧的幅度也比較小。例如友達宣布減資 2 成的隔天，股價只跌了 2%，相對長榮要小很多。

綜合以上來看，現金減資對原始股東有利，因為他們的成本都是「面額」，再加上多年來的配股配息，甚至可能趨近於零，退還的錢都是賺的，還不用繳稅。對各位投資人來說非常吃虧，因為你們的成本都是「市價」，所以現金減資對你來說，肯定是毒藥。

你會事先知道公司要現金減資嗎？當然不會，這時就只能眼睜睜看著自己變成韭菜，任人宰割。

該在宣布減資後賣出嗎？如果因為股價下跌，導致虧損超過 10%，我建議你該開始停損，如果超過 15%，就該考慮完全認賠出場。不管是因為減資還是其他利空原因，這都是任何個股投資一定要遵守的紀律。

該在減資後買嗎？承上例，你若判斷它的每股盈餘會增加到 2.5 元以上，當然可以買，但你相信自己的判斷一定對嗎？

突然宣布現金減資，就是「選股」無法避免的風險，這也是我為什麼只買 0050、0056 的原因了。長榮宣布減資的隔天，它跌了 9.5%，0050 漲 0.4%，0056 只跌了 0.2%。友達宣布減資的隔天，它跌了 2%，0050 漲 0.1%，0056% 只跌了 0.4%。

你若「選市不選股」，就永遠不會被任何個股的訊息干擾到你的生活了。

（本文原刊於 2022 年 4 月 2 日「方格子」訂閱網站「小資幸福講堂」專欄。）

國家圖書館出版品預行編目（CIP）資料

絕對樂活投資術：樂活大叔教你如何面對股市漲跌都不怕／施昇輝著. -- 初版. -- 臺北市：城邦文化事業股份有限公司商業周刊，2023.07
面； 公分
ISBN 978-626-7252-63-5（平裝）

1.CST：股票投資 2.CST：投資技術 3.CST：投資分析

563.53 112006509

絕對樂活投資術

作者　施昇輝
商周集團執行長　郭奕伶
商業周刊出版部
總監　林雲
責任編輯　盧珮如
封面設計　賴維明
內文排版　黃齡儀
出版發行　城邦文化事業股份有限公司 商業周刊
地址　115020 台北市南港區昆陽街 16 號 6 樓
電話：（02）2505-6789　傳真：（02）2503-6399
讀者服務專線　（02）2510-8888
商周集團網站服務信箱　mailbox@bwnet.com.tw
劃撥帳號　50003033
戶名　英屬蓋曼群島商家庭傳媒股份有限公司城邦分公司
網站　www.businessweekly.com.tw
香港發行所　城邦（香港）出版集團有限公司
香港灣仔駱克道 193 號東超商業中心 1 樓
電話：（852）2508-6231　傳真：（852）2578-9337
E-mail：hkcite@biznetvigator.com
製版印刷　中原造像股份有限公司
總經銷　聯合發行股份有限公司 電話（02）2917-8022
初版 1 刷　2023 年 7 月
初版 9 刷　2024 年 9 月
定價　420 元
ISBN　978-626-7252-63-5
EISBN　9786267252673（PDF）／ 9786267252680（EPUB）

藍學堂

學習・奇趣・輕鬆讀